Schriften zur psychosozialen Gesundheit

Tobias Callmeier

Bindungsorientierung in der psychosozialen Praxis mit Menschen mit geistiger Behinderung

Z K S
Medien

Impressum

CIP-Titelaufnahme der Deutschen Bibliothek:

Tobias Callmeier

Bindungsorientierung in der psychosozialen Praxis mit Menschen mit geistiger Behinderung

Goßmannsdorf b. Würzburg: ZKS / Verlag für psychosoziale Medien
Alle Rechte vorbehalten
© 2018 Tobias Callmeier
ISBN 978-3-934247-88-8

Technische Redaktion: Meike Kappenstein
Lektorat: Tony Hofmann
Cover-Design: Leon Reicherts / Tony Hofmann

Herausgeber der „Schriften zur psychosozialen Gesundheit":
Prof. Dr. Helmut Pauls
Prof. Dr. Frank Como-Zipfel
Dr. Gernot Hahn

Anschrift Zentralverlag für Klinische Sozialarbeit / Verlag für psychosoziale Medien:
ZKS / Verlag für psychosoziale Medien
Winterhäuser Str. 13
97199 Goßmannsdorf/Ochsenfurt

Kontakt:
info@zks-verlag.de
www.zks-verlag.de
Tel.: +49 (0) 6430 – 9257766

Inhaltsverzeichnis

Abbildungsverzeichnis

1. Einleitung

In meiner psychosozialen Praxis, vornehmlich im Betreuten Einzelwohnen eines großen Trägers der Behindertenhilfe in Berlin, habe ich seit 2007 umfangreiche Erfahrungen mit erwachsenen Menschen mit geistiger Behinderung gesammelt. Die Erfahrung, dass die Qualität der helfenden Beziehung für einen erfolgreichen Verlauf von Unterstützungsprozessen von zentraler Bedeutung ist, vermittelte sich mir als grundständigem Politikwissenschaftler schon vor Aufnahme des berufsbegleitenden und in Kooperation von der Alice Salomon Hochschule und der Hochschule Coburg angebotenen Masterstudiengangs Klinische Sozialarbeit im Sommersemester 2010. Während dieses Studiengangs konnte ich neben anderen praktischen Erfahrungen auch die genannte theoretisch fundieren und reflektieren.

Die zentrale Bedeutung der Beziehungsdimension im Rahmen professioneller Unterstützungsprozesse wird mehr als deutlich von der Psychotherapieforschung bestätigt. Auf der Grundlage von „Dekaden von Forschung und Jahren des Analysierens von Forschungsstudien" (Lambert & Barley, 2008, S. 111) wird so die relative Bedeutsamkeit der therapeutischen Beziehung auf den Effekt der Therapie mit 30 % geschätzt. Die Relevanz der Beziehungsgestaltung wird auch für psychosoziale Handlungsfelder Klinischer Sozialarbeit hervorgehoben. „Der Erfolg professioneller Begleitung steht und fällt mit der Qualität der helfenden Beziehung" (Gahleitner, 2009, S. 145). Dabei kann der Bindungsaspekt als Aspekt mit zentraler Bedeutung für die Beziehungsdimension erachtet werden. So sind Bindungen zwar „lediglich als ein Teil des komplexen Systems der Beziehung" (Brisch, 2011a, S. 35) zu verstehen, gleichzeitig sind sie „aber der wichtigste" (Grossmann & Grossmann, 2012, S. 71). Dennoch konstatiert Trost (2014, S. 7) in einem jüngst zur Thematik der Bindungsorientierung in der Sozialen Arbeit publizierten Sammelband: „Gleichwohl hat die Soziale Arbeit das Bindungswissen noch nicht für sich entdeckt. Weder bei der psychosozialen Diagnostik noch in der Alltagspraxis finden sich explizit auf bindungstheoretische Erkenntnisse gestützte Konzepte."

Vor diesem Hintergrund praktischer Erfahrungen und theoretischer Erkenntnisse, kann davon ausgegangen werden, dass Bindung als ein relevanter Faktor im Rahmen von Unterstützungsprozessen von Menschen mit geistiger Behinderung einzustufen ist. In der vorliegenden Arbeit wird daher untersucht, inwiefern psychosoziale Fachkräfte ein bindungsorientiertes Vorgehen umsetzen. Insbesondere schließt dies die Gestaltung der helfenden Beziehung als Bindungsbeziehung ein, in der KlientInnen positive Bindungserfahrungen ermöglicht werden und die eine sichere Basis zur Bearbeitung von Problemen und für Entwicklungsprozesse darstellt. Die Umsetzung einer bindungsorientierten psychosozialen Praxis soll untersucht werden, da Fachkräften häufig nicht bewusst ist, dass sie bindungsorientiert handeln und daher zum Beispiel auch nicht gegenüber Kostenträgern auf dieser Grundlage theoretisch fundiert argumentieren können. „Allerdings handeln SozialarbeiterInnen und SozialpädagoInnen häufig intuitiv bindungsorientiert" (Trost, 2014, S. 7). Stellt eine wissenschaftliche Begründungsbasis ein Kriterium für Professionalität dar (Kraimer, 2011, S. 669), ist auch ein Bewusstsein für diese Basis von grundlegender Bedeutung für professionelles Handeln. Die Zielsetzung dieser Arbeit besteht darin, die hohe Bedeutung bindungstheoretischer Erkenntnisse für psychosoziale Unterstützungsprozesse von Menschen mit geistiger Behinderung herauszustellen. Im Sinne eines Bewusstmachens des Bindungsaspekts trägt sie damit zum Professionalisierungsdiskurs Sozialer Arbeit bei und zeigt darüber hinaus anhand der Untersuchung der konkreten Umsetzung einer bindungsorientierten Praxis theoretisch fundierte und reflektierte Handlungsmöglichkeiten für Fachkräfte auf.

Die Umsetzung einer bindungsorientierten Praxis in Unterstützungsprozessen von Menschen mit geistiger Behinderung wird in der vorliegenden Arbeit auf der Grundlage theoretischer Erkenntnisse empirisch untersucht. Im theoretischen Teil der Arbeit wird zunächst der Begriff der geistigen Behinderung bestimmt. Anschließend werden die Grundlagen der Bindungstheorie dargestellt und darauf aufbauend zentrale Aspekte einer bindungsorientierten Praxis mit Menschen mit geistiger Behinderung herausgearbeitet. Im empirischen Teil der Arbeit werden im Rahmen eines halbstrukturierten Verfahrens problemzentrierte Interviews mit drei psychosozialen Fachkräften durchgeführt, die nach dem Verfahren der qualitativen Inhaltsanalyse von Mayring (2008) ausgewertet werden. Aus den Ergebnissen der Inhaltsanalyse gebildete Hypothesen werden sodann vor dem Hintergrund der theoretischen Erkenntnisse im vierten Kapitel der Arbeit diskutiert. In einem abschließenden Fazit werden die zentralen Erkenntnisse der Arbeit zusammengefasst und Implikationen für die psychosoziale Praxis formuliert.

2. Theorie

2.1 Begriffsbestimmung geistige Behinderung

Obwohl der Begriff der geistigen Behinderung ein in der Alltagssprache gebräuchlicher ist und mit ihm auch sozialrechtliche Leistungsansprüche verbunden sind, unterscheiden sich inhaltliche Bestimmungsversuche in Abhängigkeit von der jeweils eingenommenen theoretischen Perspektive.[1] Schon die beträchtlichen Schwankungen bei Angaben zur Häufigkeit des Phänomens können als Indiz dafür gesehen werden, dass eine allgemein anerkannte Definition nicht existiert: Während Kulig, Theunissen und Wüllenweber (2006, S. 126) von insgesamt etwa 400.000 Menschen mit geistiger Behinderung (ca. 0,45 bis 0,50 % der deutschen Gesamtbevölkerung), geben Rothenhäusler und Täschner (2007, S. 463) den Anteil von Menschen mit geistiger Behinderung an der Allgemeinbevölkerung mit „rund 5 %" an. Dieser erhebliche Unterschied kann erklärt werden mit unterschiedlich gesetzten Grenzwerten des bei epidemiologischen Schätzungen zumeist als maßgebliches Beurteilungskriterium verwendeten Intelligenzquotienten. Theunissen (2009, S. 9 f.) weist in diesem Zusammenhang darauf hin, dass „[i]m Unterschied zur internationalen Fachdiskussion sowie zu klinischen Klassifikationssystemen der Weltgesundheitsorganisation (ICD-10) und der American Psychiatric Association (DSM-IV), die sich weithin an diesen Bestimmungsmerkmalen orientieren, ... ‚geistige Behinderung' hierzulande enger gefasst (bis IQ 55/60)" wird und zwischen Lernbehinderung und geistiger Behinderung unterschieden wird. In der vorliegenden Arbeit wird eine solche Unterscheidung nicht vorgenommen.

---

[1] Auf die Diskussion um eine – zumindest aus Sicht der BefürworterInnen – weniger stigmatisierende Alternative zum Begriff der geistigen Behinderung wird im Rahmen dieser Arbeit nicht eingegangen und dafür verwiesen auf Kulig, Theunissen und Wüllenweber (2006, S. 116 ff.) sowie Pörtner (2007, S. 9 ff.).

2.1.1 Medizinische Perspektive (ICD-10)

Die medizinische Perspektive auf das Phänomen der geistigen Behinderung spiegelt sich in der von der Weltgesundheitsorganisation (WHO) herausgegebenen *Internationalen Statistischen Klassifikation der Krankheiten und verwandter Gesundheitsprobleme (ICD-10)*. Geistige Behinderung wird in diesem Klassifikationssystem als Intelligenzstörung dem ‚Kapitel V – Psychische und Verhaltensstörungen' zugeordnet und definiert als „[e]in Zustand von verzögerter oder unvollständiger Entwicklung der geistigen Fähigkeiten; besonders beeinträchtigt sind Fertigkeiten, die sich in der Entwicklungsperiode manifestieren und die zum Intelligenzniveau beitragen, wie Kognition, Sprache, motorische und soziale Fähigkeiten. Eine Intelligenzstörung kann allein oder zusammen mit jeder anderen psychischen oder körperlichen Störung auftreten" (DIMDI, 2011, S. 213).

Als maßgebliches Bestimmungsmerkmal geistiger Behinderung wird also ein Defizit der kognitiven Fähigkeiten gesehen, das durch Intelligenztests bestimmt wird. „Für die endgültige Diagnose muss ein vermindertes Intelligenzniveau mit der Folge der erschwerten Anpassung an die Anforderungen des alltäglichen Lebens bestehen" (Dilling, Mombour & Schmidt, 2011, S. 309). Die ICD-10 sieht eine Einteilung in vier Schweregrade vor:

- Leichte geistige Behinderung (F70.-): IQ-Bereich von 50 bis 69,
- Mäßige geistige Behinderung (F71.-): IQ-Bereich von 35 bis 49,
- Schwere geistige Behinderung (F72.-): IQ-Bereich von 20 bis 34,
- Schwerste geistige Behinderung (F73.-): IQ unter 20
  (DIMDI, 2011, S. 213 f.).

Die in der ICD-10 vorgenommene Definition von geistiger Behinderung steht aus mehreren Gründen in der Kritik. Diese Kritik bezieht sich auf das Kriterium der Intelligenz an sich (Kulig et al., 2006, S. 120; Speck, 2003, S. 204). Außerdem stellt sie mit Hinweis auf die Engführung des Intelligenzbegriffs die Abgrenzung zwischen dem Kriterium der Intelligenz und dem der sozialen Anpassungsleistungen in Frage (Röh, 2009, S. 48). Darüber hinaus wird kritisiert, dass die Definition ausschließlich an Defiziten orientiert ist und „Behinderung ausschließlich als eine individuelle Kategorie, als dem Einzelnen zugehörig, beschrieben und als krankhafter Defekt oder krankhafte Abweichung festgestellt" (ebd.) wird.

2.1.2 Soziologische Perspektive

Soziologisch orientierte Beschreibungsversuche grenzen sich von der medizinischen Sichtweise auf geistige Behinderung als Personenmerkmal deutlich ab und betrachten dieselbe als „soziales Zuschreibungskriterium" (Lingg & Theunissen, 2008, S. 14). „Was bisher am Individuum als typische Ausprägung einer Schädigung oder Funktionsbeeinträchtigung beschrieben und interpretiert worden war, erwies sich in viel stärkerem Maße als bisher gesehen als Resultat umweltlicher bzw. gesellschaftlicher Verhältnisse" (Speck, 2003, S. 216). Als einer der grundlegenden Ansätze für diese Perspektive kann die von Goffman (1975) entfaltete Stigmatheorie gelten (Kastl, 2010, S. 42). Aus dieser Sicht ist geistige Behinderung eine – aus Sicht der „Normalen" (Goffman, 1975, S. 13) – negative Abweichung des Individuums von gesellschaftlichen Normen und Erwartungen. Dies führt auf Seiten der auf diese Art und Weise Stigmatisierten zur gesellschaftlichen Ausgrenzung (Goffman, 1975, S. 10 ff.; Speck, 2003, S. 222 ff.). „Ein solcher Ansatz ist als alleinige Erklärung für das Phänomen geistige Behinderung nicht ausreichend, denn ein ausschließliches Rekurrieren auf soziale Phänomene ist letztlich ebenso einseitig wie eine strikt individualtheoretische, schädigungsbezogene Sichtweise" (Kulig et al., 2006, S. 120).

2.1.3 Bio-psycho-soziale Perspektive

Nachdem mit der medizinisch und der soziologisch orientierten Perspektive theoretische Konzeptionen skizziert wurden, die jeweils nur bedingt in der Lage sind, die Komplexität des Phänomens der geistigen Behinderung zu erfassen, wird im Folgenden die Perspektive Klinischer Sozialarbeit auf das Phänomen vorgestellt. Da sich mit dieser Perspektive die Komplexität geistiger Behinderung angemessen erfassen lässt, bildet sie den Bezugspunkt der vorliegenden Arbeit.

Geistige Behinderung stellt sich aus dieser Sicht als ein bio-psycho-soziales Phänomen dar, das in der Regel zu einer wechselseitigen Passungsstörung zwischen der Person und ihrer Umwelt führt. „Bei einem umfassenden bio-psycho-sozialen Verständnis sind biologische Konstitution, psychische Potentiale (Dispositionen, Bewältigungskompetenzen, usw.), Entwicklungsanforderungen und Belastungen (z.B. familiär, schulisch, Arbeitsfeld, subkulturelles Umfeld und alters-, geschlechts-, funktions- und bereichsspezifische Standards), Entwicklungsziele und (Selbst-)Einschätzungen des Individuums, Entwicklungs- und Unterstützungsangebote in der Umwelt, die soziale Chancenstruktur (soziale und materielle Ressourcen und Mittel) immer mehr oder weniger günstig aufeinander abgestimmt" (Pauls, 2013, S. 117).

Aus einer bio-psycho-sozialen Perspektive manifestiert sich geistige Behinderung in der biologischen Dimension dann als funktionelle oder strukturelle Schädigung des Gehirns (Seidel, 2006, S. 161). Die Ursachen für diese biologische Schädigung können biologisch (z.B. genetisch), aber auch psychosozial bedingt sein (z.B. Drogenmissbrauch der Eltern, fehlender Zugang zur Geburtshilfe). Die Wechselbeziehungen der drei Dimensionen sind auch hinsichtlich der Auswirkungen bzw. des Verlaufs in den Blick zu nehmen. Psychosoziale Faktoren können sich positiv oder negativ auswirken und somit maßgeblich zum Ausmaß der resultierenden Passungsstörung beitragen.

Auch der von der WHO in Ergänzung zur ICD-10 herausgegebenen *Internationalen Klassifikation der Funktionsfähigkeit, Behinderung und Gesundheit (ICF)* liegt ein bio-psycho-soziales Verständnis von Behinderung zugrunde (DIMDI, 2005). Behinderung stellt sich im Modell der ICF dar „als problematische oder fehlgeschlagene Wechselbeziehung zwischen den individuellen bio-psycho-sozialen Aspekten vor dem Hintergrund relevanter Kontextfaktoren" (Schäfers, 2009, S. 25). Die ICF „verbindet medizinische, individual- und sozialpsychologische und schließlich sozialwissenschaftliche Sichtweisen auf Behinderung miteinander in einer Form, die als multidimensionaler Blick der Sozialen Arbeit schon lange bekannt ist, etwa in der sozialökologischen Perspektive des Person-in-Environment-Modells" (Röh, 2009, S. 10).

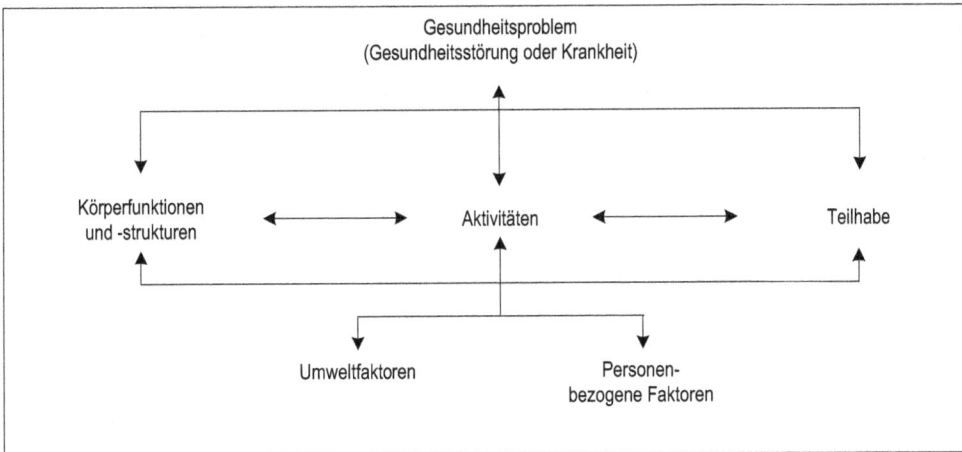

Abbildung 1: Bio-psycho-soziales Modell der ICF (DIMDI, 2005, S. 23)

2.2 Bindungstheorie und ihre grundlegenden Konzepte

Den Ausgangspunkt für die Entwicklung der Bindungstheorie stellen die klinischen Erfahrungen und Beobachtungen des britischen Psychoanalytikers und Psychiaters John Bowlby (1907-1990) dar. Bei diesen erkannte er bei Kindern mit psychischen Störungen einen Zusammenhang zwischen realen frühkindlichen Traumatisierungen durch Trennungs- und Verlusterlebnisse mit ihren Bezugspersonen und ihrer weiteren Persönlichkeitsentwicklung (Brisch, 2011a, S. 26). Von dieser Erkenntnis ausgehend entwickelte Bowlby (2006a, 2006b, 2006c) die Bindungstheorie, die ethologisches, entwicklungspsychologisches, psychoanalytisches sowie systemisches Denken verknüpft. „Die grundlegende Hypothese ist, daß Unterschiede in der Art und Weise, wie sich solche Bindungen entwickeln und zu welcher Organisation es bei verschiedenen Personen im Verlauf der kindlichen Entwicklung kommt im wesentlichen bestimmen, ob eine Person psychisch gesund aufwächst oder nicht" (Bowlby, 2009, S. 20).

2.2.1 Bindung, Exploration und Bindungsentwicklung

Die Bindungstheorie geht davon aus, dass Menschen von Geburt an über das genetisch verankerte Bindungsverhaltenssystem verfügen und daher die Neigung haben, emotionale Bindungen zu anderen Menschen aufzubauen. Dem Bindungsverhaltenssystem wird mit der Sicherung des Überlebens eine evolutionäre Funktion zugeschrieben, das einen primären Charakter hat. „Ebenso

15

wie Nahrungsaufnahmeverhalten die Ernährung sicherstellt, so hat auch Bindung seine eigene Funktion, nämlich die des Schutzes" (Bowlby, 2009, S. 21). Ziel des adaptiven Bindungssystems ist es, in ängstigenden und bedrohlichen Situationen durch Bindungsverhalten die Nähe zur Bindungsperson und somit Sicherheit herzustellen. „Bindungsverhalten ist besonders deutlich während der frühen Kindheit (und im Säuglingsalter) erkennbar, doch geht man davon aus, dass es menschlichen Wesen von der Wiege bis zum Grab eigen ist" (Bowlby, 2003, S. 23). Bindung kann so definiert werden „als ein selektives, spezifisches, emotional und kognitiv verankertes Band zwischen zwei Personen …, das sie über Raum und Zeit hinweg miteinander verbindet" (Gahleitner, 2009, S. 146).

Ebenfalls von evolutionärer Bedeutung ist die Explorationsneigung des Menschen, also die Neigung des Menschen, seine Umwelt zu erkunden. Die Bindungstheorie geht davon aus, dass Explorationsverhalten und Bindungsverhalten in einem antagonistischen Verhältnis stehen. „Wenn eine Person gleich welchen Alters sich sicher fühlt, wird sie sich sehr wahrscheinlich erkundend von ihrer Bindungsfigur wegbewegen" (Bowlby, 2009, S. 21). Im Falle von Verunsicherung wird sie hingegen versuchen, die Nähe zu ihrer Bindungsperson wiederherzustellen. Gelingt es dieser durch entsprechend fürsorgliches Verhalten das Bindungssystem zu deaktivieren, kann das explorative System wieder aktiviert werden (Abb. 2). „Die Abwesenheit der Bindungsfigur verhindert die Exploration. Deshalb kann man davon ausgehen, dass sich eine sichere Bindung vorteilhaft auf eine Reihe kognitiver und sozialer Fähigkeiten auswirkt" (Fonagy, 2009, S. 15). Eine verfügbare Bindungsperson als sichere Basis ist so grundlegend dafür, damit die Welt erkundet werden kann.

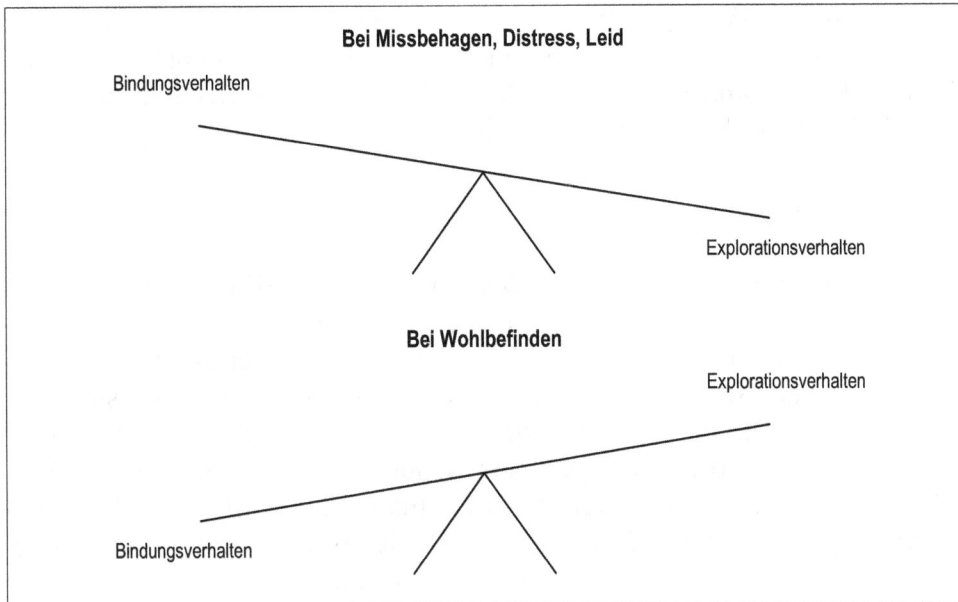

Abbildung 2: Bindungs-Explorations-Balance (Grossmann & Grossmann, 2012, S. 137)

Eine Bindung zwischen einem neugeborenen Kind und seiner späteren primären Bindungsperson besteht dabei nicht von Geburt an, sondern entwickelt sich in vier Phasen (Grossmann & Grossmann, 2012, S. 74 ff.):

- Phase der unspezifischen sozialen Reaktion (etwa bis 2. Lebensmonat): Verhaltensweisen des Säuglings richten sich nicht an spezifische Personen, sondern erfolgen eher reflexartig;
- Phase der unterschiedlichen sozialen Reaktionsbereitschaft/zielorientierte Phase (etwa bis 6. Lebensmonat): Der Säugling beginnt zwischen verschiedenen Personen zu differenzieren, Verhaltensweisen und Reaktionen erfolgen personenspezifisch, Bindungsbeziehung entwickelt sich;
- Phase des aktiven und initiierten zielkorrigierten Bindungsverhaltens (etwa ab 6. Lebensmonat): Der Säugling kann sich nun selbstständig fortbewegen, differenzierter vokalisieren und lernt, das Verhalten der Bindungsperson in Reaktion auf geäußerte Bindungsbedürfnisse vorherzusagen, so dass er sein Bindungsverhalten nun zielkorrigiert an die Bindungsperson richten kann;

- Phase der zielkorrigierten Partnerschaft (etwa ab dem 3. Lebensjahr): Durch das Einbeziehen der Absichten und Ziele der Bindungsperson in eigenes Denken und Planen, entwickelt sich eine zielkorrigierte Partnerschaft zwischen Kind und Bindungsperson.

2.2.2 Bindungsqualitäten

Die sich entwickelnde Bindung des Säuglings an seine Bindungsperson kann dabei unterschiedliche Qualitäten annehmen. Zur Klassifizierung der unterschiedlichen Bindungsqualitäten von Kindern steht die federführend von Ainsworth konzipierte so genannte *Fremde Situation* zur Verfügung (Ainsworth & Wittig, 2003). „Die Fremde Situation ist methodisch gesehen weder ein psychologischer Test noch ein Experiment, sondern eher ein provoziertes Mini-Drama, eine kontrollierte, systematisierte Situation für ethologische Beobachtungen, die eine kundige Diagnose von Bindungsverhaltensstrategien unter standardisierten Spiel- und Trennungssituationen erlaubt" (Grossmann & Grossmann, 2012, S. 140; vgl. Abb. 3). Dabei ist die Fremde Situation inzwischen für den Altersbereich zwischen 11 und 20 Monaten validiert, bei älteren Kindern ist nicht sichergestellt, ob sie zuverlässig die intendierte Wirkung erzielt, also das Bindungsverhalenssystem des Kindes aktiviert. Für die Klassifizierung der Bindungsqualität sind dabei die Episoden der Wiedervereinigung des Kindes mit seiner Mutter von hoher Bedeutung (Grossmann & Grossmann, 2012, S. 142).

Episode		Zeit	Betreten und Verlassen des Raumes
1	Mutter, Baby, einführende Person	30 sec	Einführende Person verlässt Raum
2	Mutter, Baby	3 min	
3	Mutter, Baby, fremde Person	3 min	Fremde Person betritt Raum
4	Baby, fremde Person	3 min*	Mutter verlässt Raum
5	Mutter, Baby	variabel	Mutter betritt Raum, fremde Person geht
6	Baby	3 min*	Mutter verlässt Raum
7	Baby, fremde Person	3 min*	Fremde Person betritt Raum
8	Mutter, Baby	variabel	Mutter betritt Raum, fremde Person geht
* Bei starker Verzweiflung des Babys wird die Episode verkürzt.			

Abbildung 3: Fremde Situation (Ainsworth & Wittig, 2003, S. 115; Grossmann & Grossmann, 2012, S. 138)

Auf Grundlage der Beobachtungen in der Fremden Situationen wird die Bindungsqualität des Kindes an seine primäre Bindungsperson entweder als sicher, unsicher-vermeidend oder unsicher-ambivalent klassifiziert. Das sichere

Bindungsmuster (in nicht-klinischen Stichproben ca. 65 % der Kinder) verdeutlicht sich in der Fremden Situation anhand der offenen Kommunikation negativer Gefühle des Kindes gegenüber seiner primären Bindungsperson. Die Kinder lassen sich von der wiederkehrenden primären Bindungsperson erfolgreich trösten und ihr unbekümmertes Weiterspielen während der Abwesenheit der Bindungsperson lässt darauf schließen, dass sie trotzdem auf deren Verfügbarkeit vertrauen (Grossmann & Grossmann, 2012, S. 150).

Unsicher-vermeidend gebundene Kinder (in nicht-klinischen Stichproben ca. 25 %) zeigen in der Fremden Situation kaum Trennungsleid und vermeiden es der wiederkehrenden Bindungsperson Bindungsfühle zu zeigen. „Bei Distress versucht das Kind, die Gefühle der Trost- und Schutzbedürftigkeit so lange wie möglich unter Kontrolle zu halten, so dass der Ausdruck von Bindungsbedürfnissen vermieden wird" (ebd., S. 153). Die Aktivierung des Bindungssystems zeigt sich bei diesen Kindern jedoch physiologisch, in der Steigerung der Herzfrequenz und im Anstieg des Kortisolspiegels. In die Verfügbarkeit der Bindungsperson bei (emotionalen) Belastungen vertrauen diese Kinder nicht.

Das unsicher-ambivalente Bindungsmuster (in nicht-klinischen Stichproben ca. 10 % der Kinder) zeigt sich in der Fremden Situation darin, dass die Kinder in der Situation der Wiedervereinigung zwar die Nähe zur Bindungsperson suchen, sie aber gleichzeitig zurückweisen und sich nur langsam beruhigen lassen. „Die Schwelle, bei der bei diesen Kindern Bindungsverhalten ausgelöst wird, ist sehr niedrig" (Grossmann & Grossmann, 2012, S. 154). Das Verhalten ist Ausdruck der Angst dieser Kinder vor dem Verlust ihrer Bindungsperson. Die ständige Aktivierung des Bindungssystems geht mit einer Deaktivierung des Explorationssystems einher.

Zusätzlich zu der sicheren Bindungsqualität und den beiden unsicheren Bindungsqualitäten, die als organisiert bezeichnet werden, können sich desorganisierte Bindungsanteile zeigen. Desorganisierte Bindungsanteile zeigen sich in einem phasenweisen Zusammenbruch organisierter Bindungsverhaltensstrategien. In der Fremden Situation zeigt sich dies in widersprüchlichem Verhalten, beispielsweise der Annäherung an die Bindungsperson mit abgewendeten Kopf, in Stereotypien, im plötzlichen Erstarren oder in Aggressionen gegenüber der Bindungsperson. Als Ursachen hierfür werden traumatisierende Erfahrungen wie Vernachlässigung, Misshandlung oder unfreiwillige Trennung gesehen. Während in nicht-klinischen Studien etwa 10 % der untersuchten

Kinder desorganisierte Bindungsanteile zeigen, liegt deren Anteil bei Risikogruppen bei bis zu 80 % (ebd., S. 156 ff.).

2.2.3 Innere Arbeitsmodelle von Bindung

Die in der Fremden Situation klassifizierten Bindungsqualitäten spiegeln die aufgrund bisheriger Interaktionserfahrungen gebildeten Erwartungen des Kindes hinsichtlich des Verhaltens der Bindungsperson dar (ebd., S. 447). Aus den Interaktionserfahrungen des Kindes mit seiner primären und möglichen weiteren Bindungspersonen entwickelt sich so für jede Bezugsperson ein eigenständiges inneres Arbeitsmodell, das Vorstellungen über das eigene Selbst und die Bindungsperson enthält (Fremmer-Bombik, 2009, S. 109). Das innere Arbeitsmodell ermöglicht so die Interpretation und Vorhersagbarkeit des Verhaltens der Bindungsperson in Bezug auf geäußerte Bindungsbedürfnisse, trägt zur Regulierung des eigenen Bindungsverhaltens, von Gefühlen sowie Gedanken bei und beeinflusst die spätere Beziehungsgestaltung mit anderen Menschen (Bretherton, 2006, S. 13). Die Plausibilität des von Bretherton (2006, S. 15) vorgenommenen Vergleichs innerer Arbeitsmodelle mit gedruckten Landkarten steigt im digitalen Zeitalter – Landkarten sind nunmehr nicht mehr als statisch, sondern als dynamisch zu betrachten.

2.2.4 Konzept der Feinfühligkeit

Wie mittlerweile durch eine Vielzahl von Untersuchungen belegt wurde, ist für die Entwicklung von Bindungssicherheit die feinfühlige Beantwortung der kindlichen Bindungsbedürfnisse durch die Bindungsperson in deren Interaktion von entscheidender Bedeutung (Grossmann & Grossmann, 2012, S. 165 f.). Feinfühligkeit beschreibt dabei die Passung von geäußerten Bindungsbedürfnissen des Kindes und deren Beantwortung durch die Bindungsperson: „Das regulierende bemutternde Verhalten der Mutter, das mehr oder weniger gut auf die Bedürfnisse, den Rhythmus und die Eigenart des Säuglings abgestimmt sein kann, haben wir in Anlehnung an die Forschungen von Mary Ainsworth *mütterliche Feinfühligkeit* genannt" (ebd., S. 119). Diese setzt sich nach Ainsworth (2003) mit dem Wahrnehmen und der richtigen Interpretation der kindlichen Bedürfnisse sowie der angemessenen und prompten Reaktion aus vier Kriterien zusammen.

Für das *Wahrnehmen* der Bedürfnisse sind dabei nicht nur die Anwesenheit und Zugänglichkeit der Bindungsperson erforderlich, sondern auch eine niedrige Wahrnehmungsschwelle bezüglich geäußerter Bedürfnisse. Eine *richtige Interpretation*, die ein entsprechendes Wahrnehmen voraussetzt, erfordert „empathisch die Wünsche des Säuglings aus dessen Perspektive anzuerkennen und sie von den eigenen Bedürfnissen zu unterscheiden" (Schleiffer, 2014, S. 43). Als *angemessen* wird die Reaktion der Bindungsperson eingestuft, „die dem kleinen Kind das gibt, was es wirklich nötig hat, also nicht zu viel und nicht zu wenig" (ebd.). Indem ein Kind durch die *prompte* Reaktion seiner Bindungsperson einen Zusammenhang zwischen seinem Verhalten und der Reaktion der Bindungsperson herstellen kann, erlebt es sich als selbstwirksam. „In dem Maße, in dem sich das Kind mit seinen Äußerungen die Zuwendung und Fürsorge der Mutter zuverlässig holen kann, lernt es schon früh, dass seine auf die Bindungsperson gerichteten Signale Leid beenden und Bedürfnisse erfüllen können, so dass es geschützt und in positiver Befindlichkeit seine Umwelt erforschen kann. Dies sind die Grundlagen für eine sichere Bindung" (Grossmann & Grossmann, 2012, S. 123). Dabei besteht ein enger Zusammenhang zwischen feinfühligen Reaktionen auf der Verhaltensebene und der sprachlichen Ebene. „Das kleine Kind spürt, wenn es ihm nicht gutgeht, und äußert dies durch Quengeln. Aber ob der Hunger es quält, es sich entleeren muss oder müde ist, das muss der betreuende Erwachsene aus den vorangegangenen Abläufen erschließen. Wenn er dann angemessen und prompt reagiert und dem kleinen Kind das passende Wort für sein Unwohlsein gibt, lernt das kleine Kind, sein Unwohlsein sowohl differenziert zu interpretieren als auch zu kommunizieren" (Grossmann & Grossmann, 2012, S. 196).

2.2.5 Bindung im weiteren Lebensverlauf

Die aufgrund der Interaktionsaktionserfahrungen gebildeten inneren Arbeitsmodelle sind anfangs noch flexibel und entwickeln sich im andauernden Austausch mit dem sozialen Umfeld zu Bindungsrepräsentationen (Gahleitner, 2009, S. 149). Während sich die in der Fremden Situation durch Verhaltensbeobachtung erschlossenen frühen inneren Arbeitsmodelle auf die Bindungsqualität zu einer spezifischen Bindungsperson beziehen, handelt es sich bei den Bindungsrepräsentationen von Erwachsenen um „ein generalisiertes inneres Arbeitsmodell von Bindung" (Zimmermann, 2002, S. 159). Zur Erfassung der Bindungsrepräsentation von Erwachsenen steht das federführend von Main (George, Kaplan & Main, 2001) entwickelte *Adult Attachment Interview (AAI)*, das den „mentalen Zustand in Verbindung mit der gesamten Bindungsge-schichte" (Main, 2006, S. 193) beurteilt, zur Verfügung (Gloger-Tippelt, 2001). Dabei sind weniger die Inhalte als vielmehr die sprachliche Kohärenz der Darstellung der eigenen Bindungsgeschichte für die Klassifizierung von Bedeutung. „Eine Schilderung gilt als kohärent, wenn der Sprecher seine Aus-sagen belegt, wenn er sich kurz faßt, ohne wesentliche Punkte auszulassen, wenn er themenrelevante Aussagen macht ohne abzuschweifen, und wenn er sich klar und verständlich ausdrückt und seine Aussagen gliedert" (Fonagy, 2009, S. 31).

Auf dieser Grundlage wird zwischen einer sicher-autonomen, einer unsicher-distanzierten und einer unsicher-verstrickten Bindungsrepräsentation unter-schieden, zusätzlich zu diesen kann gegebenenfalls ein unverarbeiteter Bin-dungsstatus aufgrund nicht verarbeiteter traumatischer Ereignisse klassifiziert werden (Hesse, 2008). Dabei besteht eine strukturelle Parallelität zwischen den in der Fremden Situation klassifizierten kindlichen Bindungsqualitäten und den im AAI erhobenen Bindungsrepräsentationen von Erwachsenen (Abb. 4).

Bindungsqualität (Kindheit)	Bindungsrepräsentation (Erwachsene/r)
sicher	sicher-autonom
unsicher-vermeidend	unsicher-distanziert
unsicher-ambivalent	unsicher-verstrickt
Gegebenenfalls zusätzlich zu klassifizieren:	
desorganisierte Bindungsanteile	unverarbeiteter Bindungsstatus

Abbildung 4: Strukturelle Parallelität Bindungsqualität und Bindungsrepräsentation (Gloger-Tippelt, 2001, S. 104)

Erwachsene mit sicher-autonomer Bindungsrepräsentation sind Bindungen ge-genüber positiv eingestellt, ihre früheren Bindungserfahrungen erachten sie als grundlegend für ihre persönliche Entwicklung, sie haben einen guten Zugang zu ihren Gefühlen und eine ausgewogene Balance von Autonomie- und Bin-dungsbedürfnissen, emotionale Verbundenheit zu anderen Menschen ist für sie charakteristisch (Fremmer-Bombik, 2009, S. 114; Ziegenhain, 2001, S. 155). Erwachsene mit unsicher-distanzierter Bindungsrepräsentation betonen hinge-gen ihre Autonomie und distanzieren sich gegenüber Beziehungsthemen (Fremmer-Bombik, 2009, S. 116). Erwachsene mit unsicher-verstrickter Bin-dungsrepräsentation scheinen in früheren Bindungserfahrungen verstrickt zu sein, bewerten diese widersprüchlich und erleben aktuelle Beziehungen häufig als ambivalent (ebd., S. 115). „Die Bindungsrepräsentationen sind dabei nicht als absolute, sondern relative Größen, also jeweilige ‚Bindungsanteile' zu verstehen" (Gahleitner, 2009, S. 150). In einer Meta-Analyse von Bakermans-Kranenburg und IJzendoorn (1993 zit. n. Seiffge-Krenke, 2009, S. 74) wurden 58 % als sicher, 24 % als unsicher-distanziert und 18 % als unsicher-verstrickt klassifiziert.

2.2.6 Stabilität von Bindung im Verlauf des Lebens

Auch wenn eine strukturelle Parallelität zwischen den in der Fremden Situation klassifizierten Bindungsqualitäten und den im AAI erschlossenen Bindungsrepräsentationen von Erwachsenen besteht, ist damit kein Determinismus im Sinne einer altersübergreifenden Stabilität von frühkindlichen Bindungserfahrungen bis zum Erwachsenenalter beschrieben. In längsschnittlichen Untersuchungen erwiesen sich so Vorhersagen späterer Bindungsrepräsentationen aufgrund zuvor klassifizierter Bindungsqualitäten als wenig belastbar, insbesondere bei ausgedehnten Zeiträumen zwischen den Erhebungen (Ahnert & Spangler, 2014, S. 421). Als mögliche Ursachen dafür kommen einerseits kritische Lebensereignisse oder aber auch positive Veränderungen in Frage. Andererseits spiegeln die frühkindlich erhobenen Bindungsqualitäten die dyadischen Merkmale einer spezifischen Bindungsbeziehung, während spätere Bindungsrepräsentationen von Erwachsenen weniger spezifisch sind und „sowohl bereits erworbene als auch aktuelle Bindungserfahrungen repräsentieren" (ebd. S. 422).

2.2.7 Transgenerationale Kontinuität von Bindung

Vor dem Hintergrund, dass für die Entwicklung von kindlicher Bindungssicherheit die Feinfühligkeit der primären Bindungsperson von hoher Bedeutung ist, stellt sich die Frage nach einem Zusammenhang zwischen mütterlicher Bindungsrepräsentation und kindlicher Bindungsqualität. Eine so genannte transgenerationale Kontinuität von Bindungsmustern konnte in einer Reihe von Untersuchungen gezeigt werden. IJzendoorn (1995) konnte in einer Meta-Analyse mehrerer Studien zur transgenerationalen Kontinuität von Bindungssicherheit bzw. -unsicherheit diese in 75 % der untersuchten Fälle zeigen, so dass zwar bezüglich der Weitergabe von Bindungsmustern kein Determinismus, allerdings eine hohe Wahrscheinlichkeit besteht (Ahnert & Spangler, 2014, S. 423).

Fonagy (2009, S. 35) ist der Überzeugung, dass „die elterliche Fähigkeit, eine intentionale Haltung gegenüber einem noch intentionslosen Kind einzunehmen, sich um die innere Welt des Säuglings ebenso wie um die eigenen Gedanken, Gefühle und Bedürfnisse zu kümmern, der entscheidende Vermittler bei der Übertragung von Bindung" ist und verweist damit auf die Bedeutung der elterlichen Mentalisierungsfähigkeit. Auf Fonagy, Gergely, Jurist und Target (2004) Bezug nehmend definiert Dornes (2004, S. 176) Mentalisierung folgendermaßen: „Unter Mentalisierung wird ... nicht nur die Fähigkeit verstanden, hinter Verhalten seelische Zustände zu vermuten, sondern auch die weiter gehende Fähigkeit, die vermuteten mentalen Zustände selbst wieder zum Gegenstand des (Nach-)Denkens zu machen. Diese Fähigkeit zum Denken über das Denken wird Metakognition genannt und entsteht mit etwa 4 Jahren." Dabei wird auf einen Zusammenhang zwischen einer stark ausgeprägten Mentalisierungsfähigkeit, deren Einfluss auf eine feinfühlige Interaktionsgestaltung und somit die Entwicklung von Bindungssicherheit hingewiesen (Ahnert & Spangler, 2014, S. 423; Fonagy, 2009, S. 35). Gleichzeitig wird davon ausgegangen, dass sich die Mentalisierungsfähigkeit im Rahmen frühkindlicher Bindungserfahrungen entwickelt und es konnte gezeigt werden, dass ein positiver Zusammenhang zwischen frühkindlicher Bindungssicherheit und der Mentalisierungsfähigkeit besteht (Dornes, 2004, S. 175; Fonagy, 2009, S. 176). „Als zentral wird die Erfahrung des Kindes erachtet, in seinen eigenen Zuständen von Erwachsenen ‚gespiegelt' zu werden" (Dornes, 2004, S. 176). Schleiffer (2014, S. 58 f.) und Brisch (2014, S. 19 f.) sehen diese selbstreflexive Fähigkeit als Voraussetzung für die Entwicklung von Empathie und weisen auf ihre Folgen für die Beziehungsgestaltung mit anderen Menschen hin.

2.3 Bindungsorientiere psychosoziale Praxis mit Menschen mit geistiger Behinderung

2.3.1 Bindung als Schutz- oder Risikofaktor als Ausgangspunkt

Aus einer entwicklungspsychopathologischen Perspektive sind die verschiedenen Bindungsorganisationen als Schutz- bzw. Risikofaktor zu verstehen. Während eine sichere Bindungsorganisation als bedeutender Schutzfaktor zu betrachten ist, stellen sich die beiden unsicheren Bindungsorganisationen als Risikofaktor dar. Dabei sind die beiden unsicheren Bindungsorganisationen jedoch nicht mit einer Psychopathologie gleichzusetzen (Zimmermann & Spangler, 2008, S. 698). „Vielmehr sind sie als kreative Copingmechanismen zu verstehen, die ein möglichst optimales Überleben und Leben in den umgebenden Verhältnissen darstellen" (Gahleitner, 2009, S. 153). Eine sichere Bindungsorganisation erhöht so die Widerstandsfähigkeit gegenüber psychischen Belastungen, führt sie doch zu besseren Bewältigungsmöglichkeiten und besseren Empathiefähigkeiten. „Studien zur emotionalen Stabilität und Belastbarkeit von Kindern (‚resilience') kommen einhellig zu dem Ergebnis, dass das Vorhandensein zumindest *einer* verfügbaren Bezugsperson einen Schutzfaktor darstellt" (Brisch, 2011a, S. 73). Als Folge traumatischer Erfahrungen mit Bindungspersonen entwickeln Kinder desorganisierte Bindungsanteile oder sogar Bindungsstörungen, die dann eine Psychopathologie darstellen (Brisch, 2011a, S. 93 ff.)

Im Zusammenhang mit Schutz- und Risikofaktoren ist auf die hohe Prävalenz psychischer Störungen bei Menschen mit geistiger Behinderung einzugehen. Die Prävalenzrate für psychische Störungen ist bei Menschen mit geistiger Behinderung Dilling et al. (2011, S. 308) zufolge „mindestens drei- bis viermal so hoch wie in der Allgemeinbevölkerung." Als Ursache für die erhöhte Vulnerabilität von Menschen mit geistiger Behinderung für psychische Erkrankungen werden sowohl individuelle wie auch soziale Faktoren angenommen (Senckel, 2011, S. 23 ff.). Im Vulnerabilitätskonzept wird dem Vorhandensein von Schutzfaktoren eine entscheidende Bedeutung beigemessen, da es erst dann zur Ausbildung einer psychischen Störung kommt, wenn psychosoziale Belastungen durch protektive Faktoren nicht mehr kompensiert werden können (Pauls, 2013, S. 78 f.). So könnte bei Menschen mit geistiger Behinderung „eine sichere Bindung als stabilisierender Schutzfaktor wirken, insofern sie durch die Vermittlung von emotionaler Sicherheit und von Selbstvertrauen den Boden bereitet für eine bestmögliche Autonomie-Entwicklung, das Ausschöpfen der kognitiven Ressourcen und den Erwerb befriedigender Kompetenzen" (Senckel, 2003, S. 130). Gleichzeitig kann jedoch davon ausgegangen werden, dass Menschen mit geistiger Behinderung bezüglich der Verteilung der Bindungsklassifikationen mit klinisch auffälligen Gruppen vergleichbar sind: „Wir dürfen annehmen, dass die (frühe) Sozialisation für viele Menschen mit geistiger Behinderung mit erheblichen Risiken behaftet ist, so dass die Chance, Widerstandskräfte (Coping) zu entwickeln, eher gering ist" (Lingg & Theunissen, 2008, S. 32). In einer Untersuchung von Bakermans-Kranenburg und IJzendoorn (1993 zit. n. Seiffge-Krenke, 2009, S. 86) bezüglich der Verteilung der Bindungsklassifikationen in klinischen Gruppen wurden so nur 13 % als sicher und jeweils über 40 % als unsicher-distanziert bzw. unsicher-verstrickt eingestuft. Niederhofer (2001, S. 166) kommt in einer Untersuchung zur Verteilung der Bindungsqualitäten zu dem Ergebnis, „dass geistig behinderte Kinder signifikant seltener sicher gebunden sind als nicht behinderte Kontrollen." Die Wahrscheinlichkeit sich zusätzlich entwickelnder desorganisierter Bindungsanteile kann als hoch eingeschätzt werden. So wurden in einer Untersuchung von Rauh (2004 zit. n. Unzer, 2009, S. 19) 31 % der Kinder mit Trisomie 21 als desorganisiert klassifiziert.

2.3.2 Ansatzpunkte bindungsorientierter Intervention

Die Relevanz bindungsorientierter Interventionen in der psychosozialen Praxis mit Menschen mit geistiger Behinderung verdeutlicht sich vor diesem Hintergrund. Bindungsorientierte Interventionskonzepte für diese Zielgruppe sind trotzdem nur in Ansätzen vorhanden. Eine der Schlussfolgerungen von Schuengel, Schipper, Sterkenburg und Kef (2013, S. 43) diesbezüglich lautet: „Attachment theory may become increasingly important as a tool to support care workers and parents in providing persons with ID [intellectual disability; Erg. d. Verf.] with a high-quality social context." Außerdem konstatieren sie: „More work needs to be performed, especially with adults with ID and professional care givers" (ebd., S. 43). Im Folgenden wird daher der Fokus erweitert, um relevante Aspekte einer bindungsorientierten Praxis herauszustellen.

Der Aspekt, dass bei Menschen jeden Alters in Situationen von Angst, Stress, Krankheit oder Überforderung das Bindungssystem aktiviert wird mit dem Ziel, Nähe zu Bindungspersonen herzustellen, ist von grundlegender Bedeutung für eine bindungsorientierte Praxis. „In jedem Alter sind Bindungsgefühle und Bindungsverhalten eng mit der gesamten Entwicklung verbunden, mit der Entwicklung von Denken, Planen, Wollen, der Entwicklung der Selbständigkeit, der Selbstkontrolle und der sozialen Fähigkeiten" (Grossmann & Grossmann, 2012, S. 24). Ebenso zentral ist die Erkenntnis, dass das Bindungssystem „zeitlebens offen für neue Bindungserfahrungen und somit für Veränderung" (Brisch, 2011b, S. 20) bleibt, wobei mit zunehmenden Alter von einer abnehmenden Wirkung von positiven oder negativen Bindungserfahrungen auf die Bindungsorganisation auszugehen ist (Abb. 5).

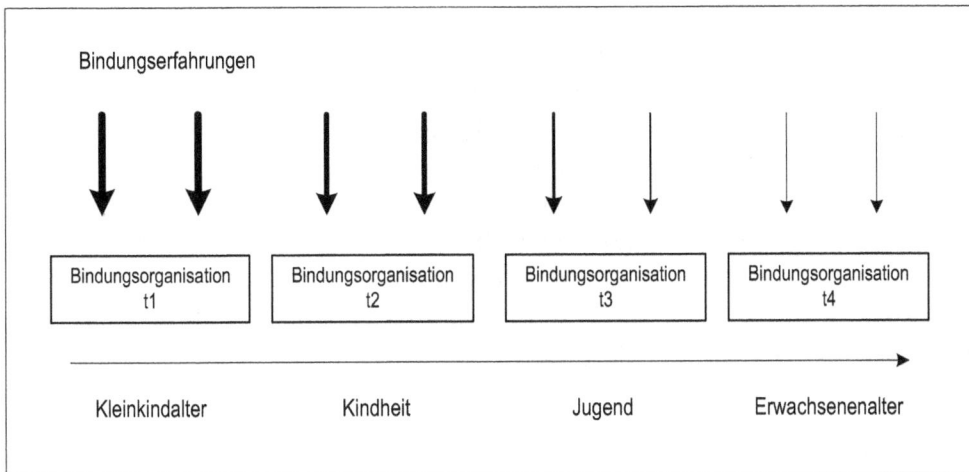

Abbildung 5: Auswirkungen von Bindungserfahrungen auf Bindungsorganisation (in Anlehnung an Spangler & Zimmermann, 1999, S. 176)

Auch Schleiffer (2014, S. 233) schätzt die Möglichkeiten einer Veränderung von inneren Arbeitsmodellen in Richtung einer sicheren Bindungsorganisation von im Heim lebenden Jugendlichen als begrenzt an, da sie sich aufgrund jahrelanger Interaktionserfahrungen als adaptive Strategie entwickelt haben (vgl. zur Veränderung von Bindungsmerkmalen durch Psychotherapie Strauß & Schwark, 2007, S. 421 f.). Obgleich die Veränderbarkeit von Bindungsrepräsentationen begrenzt erscheinen mag, kann doch davon ausgegangen werden, dass die Feststellung von Brisch (2011b, S. 28), dass für bindungsgestörte Kinder jeder Schritt in Richtung einer sicheren Bindungsorganisation von großer Bedeutung sei, analog für Erwachsene Geltung hat. In diesem Zusammenhang von Bedeutung ist auch das „Phänomen der ‚Earned Secures'" (Hauser & Endres, 2002, S. 166). „Menschen mit einem ‚verdient sicheren' Bindungsmodell zeichnen sich dadurch aus, daß sie über ihre negativen Erfahrungen und die damit verbundenen Gefühle sprechen können und diese nicht abwehren müssen. Sie besitzen meist ein hohes Maß an Reflexivität und haben ihre Lebensgeschichte soweit verarbeitet, daß sie kohärentes Bild davon zeichnen können" (ebd., S. 167). Die im AAI so klassifizierten Erwachsenen profitierten häufig von Beziehungserfahrungen, die sie bei der Verarbeitung der negativen Bindungserfahrungen unterstützen (Grossmann & Grossmann, 2012, S. 469). Die Bedeutung unterstützender Beziehungserfahrungen zeigt sich auch im *Konzept der schützenden Inselerfahrungen* – so kann „das Bestehen nur einer einzigen förderlichen Bindung … trotz sonstigem Vorherrschen negativer Erfahrungen einen bedeutsamen Schutzfaktor darstellen" (Gahleitner, 2008, S. 158 f.).

2.3.3 Die helfende Beziehung als Bindungsbeziehung

Aus einer bindungstheoretischen Perspektive stellen sich sowohl therapeutische Beziehungen als auch helfende Beziehungen in psychosozialen Handlungsfeldern als Bindungsbeziehungen dar (Pauls, 2013, S. 54; Strauß, 2008). „Bereits John Bowlby (1988) betonte die Bedeutung der professionellen Bindungsbeziehung, ihre Funktion als ‚sichere Basis' für freies Explorieren, welches belastende Erlebnisse einschließlich ihrer emotionalen Repräsentationen in Übereinstimmung mit der gegenwärtigen Wirklichkeit zu bringen vermag und vergangene negative Bindungserfahrungen revidieren hilft" (Gahleitner, 2009, S. 163; vgl. Bowlby, 2010, S. 112 ff.).

Auf dieser Grundlage hat sich im deutschsprachigen Raum in den vergangenen Jahren Brisch (2002; 2006; 2011a; 2011b; 2014) mit einer Reihe von Veröffentlichung zur Umsetzung einer bindungsorientierten Praxis in psychosozialen Handlungsfeldern hervorgetan. So hebt Brisch (2014) in Anlehnung an Bowlby (2010, S. 112 ff.) folgende Aspekte einer bindungsorientierten psychosozialen Praxis hervor:

- Es ist davon auszugehen, dass das Bindungssystem der KlientInnen aufgrund ihrer Problemlagen bei Aufsuchen der Hilfe aktiviert ist, so dass sie „nach einer Person suchen, die die Rolle der Bindungsperson übernehmen wird" (Brisch, 2014, S. 24; vgl. Hauser & Endres, 2002, S. 167 f.).
- Zusätzlich zu einem Bewusstsein für diesen Zusammenhang ist ein entsprechend fürsorgliches Reagieren der Fachkraft auf die Bindungsbedürfnisse der KlientInnen in Form von zeitlicher, räumlicher und emotionaler Verfügbarkeit notwendig, so dass die helfende Beziehung zur sicheren Basis wird, „von welcher aus der Klient seine Probleme mit emotionaler Sicherheit bearbeiten kann" (Brisch, 2014, S. 25; vgl. Abb. 2).
- Die Interaktionsgestaltung der Fachkraft erfolgt auf der Grundlage bindungstheoretischen Wissens (Brisch, 2014, S. 25). Bei KlientInnen mit unsicher-distanzierter Bindungsrepräsentation ist hierbei insbesondere auf die Regulierung von Nähe und Distanz zu achten, bei KlientInnen mit unsicher-verstrickter Bindungsrepräsentation „wird neben der verlässlichen, vorhersagbaren emotionalen Präsenz des Sozialarbeiters die Klarheit und Rahmen setzende Struktur des Settings der Arbeit von besonderer Bedeutung sein" (Brisch, 2014, S. 28, vgl. Schleiffer, 2014, S. 238 f.).

- „Der Sozialarbeiter sollte den Klienten dazu ermutigen, sich Gedanken darüber zu machen, in welcher Beziehungsform er heute seinen wichtigen Bezugspersonen begegnet" (Brisch, 2014, S. 25).
- „Der Klient muss angeregt werden, und der Sozialarbeiter muss darauf fokussieren, die sozialarbeiterische Beziehung genau zu überprüfen, weil sich hier alle von den Selbst- und Elternrepräsentanzen geprägten Beziehungswahrnehmungen widerspiegeln" (ebd.).
- „Der Klient sollte behutsam aufgefordert werden, seine aktuellen Wahrnehmungen und Gefühle mit denen aus der Kindheit zu vergleichen" (ebd.)
- „Dem Klienten sollte einsichtig gemacht werden, dass seine schmerzlichen Bindungs- und Beziehungserfahrungen und die daraus entstandenen verzerrten Selbst- und Objektrepräsentanzen für die aktuelle Lebensbewältigung von relevanten Beziehungen vermutlich nicht mehr angemessen, also überholt sind" (ebd.).
- Bei der Beendigung des Unterstützungsprozesses verhält sich die Fachkraft vorbildhaft in Bezug auf den Umgang mit Trennungen. „Die Initiative für die Trennung wird dem Klienten überlassen ... Die physische Trennung ist nicht gleichbedeutend mit dem Verlust der ‚sicheren Basis'. Die Möglichkeit, bei erneuter ‚Not und Angst' zu einem späteren Zeitpunkt auf den Sozialarbeiter zurückzugreifen, bleibt bestehen" (Brisch, 2014, S. 25.).

Korrigierende Bindungserfahrungen im Rahmen der helfenden Beziehung sind dabei zentraler Bestandteil: „Neue feinfühlige und emotional verfügbare Interaktionserfahrungen, die über einen längeren Zeitraum vorhersagbar sind ..., helfen dem Gehirn vermutlich, sich neu zu strukturieren und es besteht nochmals eine neue Chance für eine sichere emotionale Entwicklung" (ebd.). Wurde die zentrale Bedeutung von Feinfühligkeit zur Entwicklung (frühkindlicher) Bindungssicherheit bereits herausgearbeitet (Kap. 2.2.4), bestätigt sich diese im Rahmen einer bindungsorientierten Praxis. Dies spiegelt sich auch in bindungstheoretisch fundierten Präventions- und Interventionsprogrammen der Frühen Hilfen. Auch wenn sich Programme wie „Circle of Security" (Marvin, Cooper, Hoffman & Powell, 2002), das „SAFE"-Programm (Brisch, 2011a, S. 296 ff.) oder das „STEEP"-Programm (Carlitscheck & Kißgen, 2014) hinsichtlich ihres Ablaufs, der Dauer und ihrer Zielgruppe unterscheiden, ist die Förderung der elterlichen Feinfühligkeit der Eltern bedeutender Bestandteil derselben.

Dass Feinfühligkeit auch und gerade in der Interaktion mit Menschen mit geistiger Behinderung von Bedeutung ist, findet in der Literatur Bestätigung. So stellt (Rauh, 1999, S. 214) hinsichtlich der Bindungsqualität von Kindern mit Down-Syndrom fest, dass die Mütter der sicher gebundenen Kinder noch feinfühliger auf ihre Kinder reagierten als die Mütter der Vergleichsgruppe. Schuengel, Kef, Damen und Worm (2010, S. 45) bestätigen dies im Hinblick auf die hohen Anforderungen an die Feinfühligkeit von Pflegekräften in Interaktionen mit erwachsenen Menschen mit geistiger Behinderung im stationären Betreuungskontext und begründen dies mit den zumindest bei schwerer geistiger Behinderung stark eingeschränkten Mitteilungsmöglichkeiten. „Extraordinary sensitivity and interest in the client as an individual are required from caregivers to be able to perceive often very subtle cues, connect them to the context, and interpret these cues correctly" (Schuengel et al., 2010, S. 45). Auch Fischer (2010) hebt die Bedeutung von Feinfühligkeit für die Kompetenz- und Autonomieentwicklung von Menschen mit geistiger Behinderung hervor.

Im Zusammenhang mit der Bedeutung von Feinfühligkeit im Rahmen einer bindungsorientierten Praxis ist auf Berührungspunkte zwischen der Bindungstheorie und dem von Rogers (2009) formulierten personzentrierten Ansatz einzugehen, der ein von bedingungsloser Akzeptanz, Empathie und Kongruenz gekennzeichnetes therapeutisches Beziehungsangebot „als Kern beraterischen und therapeutischen Handelns" (Gahleitner, 2009, S. 162) erachtet. Die in diesem Ansatz geforderte bedingungslose Akzeptanz und das Konzept der Feinfühligkeit „beschreiben ein- und denselben Sachverhalt aus unterschiedlichen Perspektiven und ergänzen einander" (Höger, 2007, S. 73). An anderer Stelle hat Höger (1990, S. 49) bereits dargestellt, dass Feinfühligkeit und Empathie „einen ähnlichen, wenn nicht den gleichen Sachverhalt" bezeichnen. „Wahrscheinlich fühlen sich Klienten in dem Maße von uns verstanden, in dem wir Therapeuten ihre Signale wahrnehmen, sie richtig interpretieren sowie prompt und angemessen auf ihre Bedürfnisse eingehen" (ebd.).

Auf die Zusammenhänge zwischen Feinfühligkeit, Bindungssicherheit und Mentalisierung wurde bereits eingegangen (Kap. 2.2.7). Auch im Rahmen einer bindungsorientierten Praxis ist Mentalisierung von Bedeutung, „[s]chließlich besteht die psychologische Funktion der Mentalisierung darin, die personale Umwelt verstehen und somit als vorhersehbar und beeinflussbar erleben zu können" (Schleiffer & Gahleitner, 2010, S. 202). Gleichzeitig kann mit Brisch (2014, S. 20) davon ausgegangen werden, dass diesbezüglich bei KlientInnen Defizite bestehen: „Manche Jugendliche, die in pädagogischen Heimen betreut werden, sind auf einem sehr frühen Stadium vor dem Erwerb dieser selbstreflexiven Fähigkeiten stehen geblieben und haben nie eine Empathiefähigkeit entwickelt."

Wird die helfende Beziehung aus bindungstheoretischer Perspektive in Analogie zur Mutter-Kind-Beziehung betrachtet, so stellt sich vor dem Hintergrund der in dieser Arbeit vorgestellten bindungstheoretischen Grundlagen die Frage nach den Auswirkungen der Bindungsrepräsentationen der Fachkräfte auf Unterstützungsprozesse (Kap. 2.2.7). Vor diesem Hintergrund untersuchten Suess, Mali und Bohlen (2010) die Verteilung von sicheren und unsicheren Bindungsrepräsentationen bei den STEEP-Beraterinnen und den Einfluss ihrer Bindungsrepräsentation auf das Interventionsergebnis. Der Anteil der Beraterinnen mit unsicherer Bindungsrepräsentation betrug dabei 78 % – „[e]in für nicht-klinische Stichproben ungewöhnlich hoher Anteil" (ebd., S. 152; vgl. zur Verteilung von Bindungsrepräsentationen bei PsychotherapeutInnen und deren Ursachen auch Eckert, 2008) Bezüglich der Auswirkungen der Bindungsrepräsentation der Beraterinnen auf das Interventionsergebnis „zeigte sich ein signifikanter Zusammenhang zwischen einem sicheren Bindungshintergrund und einer sicheren Eltern-Kind-Bindung" (Suess et al., S. 153). Auch Schuengel et al. (2010) kommen bei ihrer Untersuchung des Einflusses der Bindungsrepräsentation von Fachkräften zu dem Ergebnis, dass zwischen einer sicheren Bindungsrepräsentation der Fachkräfte und der Qualität der Interaktion mit Menschen mit geistiger Behinderung ein positiver Zusammenhang besteht.

Dabei ist jedoch mit der Erkenntnis des Einflusses von Bindungsrepräsentationen auf Interventionen kein Ausschlusskriterium für Fachkräfte mit unsicherer Bindungsrepräsentation formuliert, sondern es wird auf die Wichtigkeit der Reflexion dieses Zusammenhangs und damit der eigenen Bindungsgeschichte hingewiesen (Suess et al., 2010, S. 158; vgl. für psychotherapeutische Kontexte Eckert, 2008, S. 346 f.). In diesem Zusammenhang weist Schleiffer (2014, S. 271 f.) darauf hin, dass pädagogische Ausbildungsgänge nicht nur bindungstheoretisches Wissen vermitteln sollten, sondern auch eine bindungstheoretisch orientierte Selbsterfahrung bedeutend wäre, „die aufklärt über die jeweils eigenen Strategien, die gewohnheitsmäßig zur Bewältigung bindungsrelevanten Stresses eingesetzt werden. Ein Wissen um die Strukturen des eigenen Bindungskonzepts wäre wünschenswert, sind doch die Erfahrungen im Umgang mit den eigenen Problemen durchaus wichtige Ressourcen im Umgang mit den Kindern und Jugendlichen" (ebd., S. 272).

Bezogen auf den Kontext der Heimerziehung betont Schleiffer (2014, S. 267) die Wichtigkeit der Reflexion von negativen Gefühlen, die in Reaktion auf Kinder und Jugendliche bei der Fachkraft entstehen, „sind sie doch eine Bedrohung für die pädagogische Beziehung." Der Umgang mit Nähe und Distanz in helfenden Beziehungen geht mit dem Erfordernis einer andauernden „Persönlichkeitsentwicklung der Professionellen" (Gahleitner, 2014, S. 63) einher. „Dazu gehört u.a., dass ich mir selbst und meiner augenblicklichen Möglichkeiten und Grenzen als Person bewusst bin und dass ich dieses Bewusstsein laufend durch Reflexionen, durch Supervision und Teamarbeit aktualisiere" (ebd., S. 63 f.).

2.3.4 Strukturelle Rahmenbedingungen

Brisch (2014, S. 23) hebt hervor, dass „[t]rotz oft schwieriger Arbeitsbedingungen" die Umsetzung einer bindungsorientierten Praxis gelingt und weist damit auf eine mangelnde Passung struktureller Rahmenbedingungen und den Erfordernissen einer bindungsorientierten Praxis hin. Dieser Aspekt wurde in den vergangenen Jahren im Rahmen traumapädagogischer Konzepte aufgegriffen und ausgearbeitet. So bietet sich das von Kühn (2013) entwickelte Konzept der *Pädagogik des sicheren Ortes* an, um zusätzlich zur Interaktion zwischen KlientInnen und Fachkräften auch institutionelle Strukturen zu reflektieren. Bezüglich der institutionellen Strukturen stehen dabei nach Kühn (2013, S. 32) zum einen „die Gestaltung *‚sicherer Orte'* für die Betroffenen" und zum anderen „die Gestaltung *‚geschützter Handlungsräume'* für die PädagoInnen". Während so für die Betroffenen ein Umfeld, das sich durch Verlässlichkeit und Einschätzbarkeit auszeichnet, herzustellen ist, ist gleichzeitig der Schutz der Fachkräfte vor Überlastung und die Aufrechterhaltung ihrer Handlungsfähigkeit durch die institutionellen Strukturen sicherzustellen (ebd., S. 33 f.). Mit diesem Konzept vergleichbar sind die die Ausführungen von T. Lang (2013, S. 207 ff.): Als sichere Basis sowohl für die Fachkräfte als auch für die Kinder bietet die Institution Sicherheit und nutzt verschiedene bindungsorientierte Kommunikations- und Interventionsmöglichkeiten.

B. Lang (2013, S. 222 f.) betont die Bedeutung der Korrespondenz von in der pädagogischen Interaktion durch die Fachkräfte umzusetzenden Prinzipien auf der einen Seite und dem Umgang von Leitungskräften und Fachdiensten mit Fachkräften auf der anderen Seite. Eine durch die Prinzipien Transparenz, Einschätzbarkeit, Partizipation, Individualisierung und Wertschätzung der Individualisierung geprägte Führung von MitarbeiterInnen trägt so zu deren Stabilisierung bei (vgl. auch Schirmer, 2013, S. 251). In den von ihr formulierten Anregungen, „die unter dem Fürsorgeaspekt gegenüber den Betreuungspersonen von Leitungspersonen und Fachdiensten zu beachten sind" (B. Lang, S. 227) hebt sie neben anderen Aspekten die Bedeutung regelmäßiger Supervision und dem regelmäßigen Besuch von Fachtagen und Fortbildungen hervor (B. Lang, 2013, S. 227).

Die Etablierung traumapädagogischer Konzepte wird dabei als Prozess der Organisationsentwicklung gesehen (Schirmer, 2013). Im Rahmen dieses Prozesses „gelten folgende Kriterien als hilfreiche Stabilitäts- und Orientierungsanker für die Institutionen ...:

- Schaffung einer gemeinsamen Vision und Grundhaltung
- Entfaltung wertgeleitete Qualitäts-, Organisations- und Personalentwicklungsprozesse
- Partizipation der MitarbeiterInnen
- Verankerung von Reflexions- und Feedbackprozessen
- Entwicklung eines modernen humanistischen Führungsmodells
- Einbeziehung der institutionellen Ressourcen (Methodenvielfalt, Kooperation, Netzwerk)" (ebd., S. 265).

3. Empirie

3.1 Fragestellung und methodisches Vorgehen

3.1.1 Entwicklung der Forschungsfrage

Bei helfenden Beziehungen in psychosozialen Arbeitsfeldern handelt es sich um Bindungsbeziehungen. „Die Bindung funktioniert dabei … im doppelten Sinne: Sie stellt eine Alternativerfahrung für frühe Bindungsunsicherheiten und -störungen dar und wirkt in dieser Form direkt auf das zutiefst verunsicherte Bindungssystem der Betroffenen. Sie ermöglicht jedoch zugleich die Öffnung für ein neues ‚Explorationssystem', einen neuen Raum, also die Fähigkeit, sich dem Hilfeprozess zu öffnen und Veränderungsprozesse für die Zukunft zuzulassen" (Gahleitner, 2009, S. 163). Als zentral für die Vermittlung alternativer Bindungserfahrungen wird dabei eine feinfühlige Interaktionsgestaltung betrachtet. In einem längeren Prozess werden so Veränderungen der Bindungsorganisation von KlientInnen in Richtung auf eine sichere Bindungsorganisation möglich.

Aus einer entwicklungspsychopathologischen Perspektive ist eine sichere Bindungsorganisation als wichtiger Schutzfaktor zu erachten und unterstreicht so die Bedeutung unterstützender Beziehungserfahrungen. Vor dem Hintergrund des großen Anteils von Menschen mit geistiger Behinderung mit unsicherer Bindungsorganisation sowie der hohen Prävalenz psychischer Störungen steigt die Relevanz dieses Aspekts bei dieser Zielgruppe nochmal. Obgleich die Relevanz einer bindungsorientierten Praxis mit Menschen mit geistiger Behinderung damit offenkundig gegeben ist, sind Beiträge, die diese spezifische Thematik in den Blick nehmen, sehr rar. In Anbetracht dieser Tatsache lautet die zentrale Fragestellung dieser Arbeit:

Wie setzen psychosoziale Fachkräfte in Unterstützungsprozessen von erwachsenen Menschen mit geistiger Behinderung ein bindungsorientiertes Vorgehen um?

Zur Bearbeitung der Fragestellung wird eine qualitative Forschungsstrategie gewählt. Da der Forschungsstand zu der spezifischen Thematik der Bindungsorientierung in der psychosozialen Praxis mit Menschen mit geistiger Behinderung als rudimentär einzustufen ist und die Untersuchung somit einen explorativen Charakter hat, kann die Entscheidung für ein halbstrukturiertes qualitatives Vorgehen als gerechtfertigt betrachtet werden (Mayring, 2010a, S. 231; Schambach-Hardtke, 2005, S. 19). Unterstrichen wird dies zusätzlich durch die Komplexität des Untersuchungsgegenstandes: das hier interessierende Erfahrungswissen der interviewten Fachkräfte und ihre subjektiven Sichtweisen in Hinblick auf die Thematik lassen sich im Rahmen eines dem Offenheitsprinzip folgenden und damit qualitativen Verfahren angemessen erheben (Schambach-Hardtke, 2005, S. 18 f.). Eine Passung von Forschungsfrage und Forschungsmethode ist somit gegeben.

3.1.2 Sampling

Aufgrund der Prozessoffenheit des Vorgehens erfolgt die Auswahl der Interviewten in der vorliegenden Arbeit in Anlehnung an das von Glaser und Strauss (1967 zit. n. Schreier, 2010, S. 244) entwickelte theoretische Sampling. Zentrales Kriterium für die Auswahl der Fälle sind dabei theoretische, gegenstandorientierte Erwägungen (Schambach-Hardtke, 2005, S. 22). Die prozesshafte Auswahl von Fällen wird durch die zusätzliche Auswahl sowohl vergleichbarer als auch kontrastierender Fälle solange fortgesetzt bis eine theoretische Sättigung erreicht ist. Diese liegt vor, sobald durch die Auswahl weiterer Fälle die bisherigen Ergebnisse nicht erweitert werden. Es ist darauf hinzuweisen, dass es sich bei diesem Zustand um einen „Idealtypus" (Schröer & Schulze, 2010, S. 281) handelt, der schon aufgrund zeitlicher Restriktionen nicht die Zielsetzung für die vorliegende Arbeit darstellen kann. Dennoch wurde durch die schrittweise Auswahl der Interviewten versucht, „möglichst viel Reichhaltigkeit in der Stichprobe zu erzielen" (Gahleitner, 2005a, S. 45; vgl. Abb. 6).

	Antonia Albrecht	Berit Becker	Carla Clemens
Bereich	WG und BEW	WG	WG
Qualifikation	Studium	Ausbildung	Ausbildung
Berufserfahrung (beim jetzigen Träger)	5 Jahre	20 Jahre	25 Jahre

Abbildung 6: Sample

Es ist darauf hinzuweisen, dass es sich bei den drei interviewten Fachkräften um Kolleginnen von mir handelt, die im ambulanten Bereich (Betreutes Einzelwohnen und Wohngemeinschaft) eines großen Trägers der Behindertenhilfe tätig sind. Die Tatsache des vorherigen persönlichen Kennens erleichterte auf der einen Seite den Zugang zum Feld sowohl hinsichtlich einer entsprechenden Genehmigung durch die Leitung als auch hinsichtlich der Teilnahmebereitschaft und kann zusätzlich zu einer größeren Offenheit der Interviewten führen. Auf der anderen Seite ist dieser Tatsache eine besondere Aufmerksamkeit im Sinne eines kritisch-reflexiven Umgangs zu schenken, da Interviewte aufgrund gemeinsamen Vorwissens Sachverhalte möglicherweise nicht detailliert schildern oder ihre Aussagen auf dieser Grundlage interpretiert werden. Zusätzlich zu einer kontinuierlichen Reflexion dieses Zusammenhangs während des Forschungsprozesses wurden KollegInnen, die im selben Team wie ich arbeiten, aus dem Sample ausgeschlossen, um eine zu starke Nähe zu verhindern.

Die informierte Einwilligung zur Teilnahme an der Forschung ist aus forschungsethischen Gründen unentbehrlich (Flick, 2010, S. 63 f.). Die im Rahmen der vorliegenden Untersuchung interviewten Fachkräfte wurden daher vor Durchführung des Interviews über Inhalt und Zweck der Forschung sowie datenschutzrechtliche Aspekte informiert und ihr diesbezügliches Einverständnis dokumentiert (Abb. 7).

Informationen zum Interview

Ich studiere den Masterstudiengang Klinische Sozialarbeit, der in Kooperation von der Alice Salomon Hochschule und der Hochschule Coburg angeboten wird. Zurzeit schreibe ich meine Masterarbeit zu dem Thema *Bindungsorientierung in der psychosozialen Praxis mit Menschen mit geistiger Behinderung.*

Ich habe vor, mich mit diesem Thema empirisch auseinanderzusetzen und möchte dazu Fachkräfte zu ihrer psychosozialen Praxis interviewen. Zu Auswertungszwecken wird das Interview aufgezeichnet und die Aufnahme wortwörtlich transkribiert. Name und Identität der Interviewpartnerin bzw. des Interviewpartners, von genannten KlientInnen und sonstigen genannten Personen werden auf dem Transkript anonymisiert. Ausschnitte des Transkripts, die eine Identifikation der Befragten/des Befragten und sonstiger genannter Personen nicht ermöglichen, können in der Masterarbeit zitiert werden.

Ich werde dafür Sorge tragen, dass alle erhobenen Daten des Interviews streng vertraulich behandelt werden und ausschließlich zum vereinbarten Zweck genutzt werden.

Ort, Datum: ....   Unterschrift: ....

Einverständniserklärung der Interviewten/des Interviewten

Ich nehme freiwillig an dem Interview teil und erkläre hiermit mein Einverständnis mit der Tonbandaufnahme und der wissenschaftlichen Auswertung des Interviews.

Ort, Datum: ....   Unterschrift: ....

Abbildung 7: Informationsblatt und Einverständniserklärung

3.1.3 Das problemzentrierte Interview und seine Instrumente

Bei dem von Witzel (1985) entwickelten problemzentrierten Interview handelt es sich um eine offene, halbstrukturierte Interviewform (Mayring, 2002, S. 67). „Es eignet sich hervorragend für eine theoriegeleitete Forschung, da es keinen rein explorativen Charakter hat, sondern die Aspekte der vorrangigen Problemanalyse in das Interview Eingang finden. Überall dort also, wo schon einiges über den Gegenstand bekannt ist, überall dort, wo dezidierte, spezifischere Fragestellungen im Vordergrund stehen, bietet sich diese Methode an" (ebd., S. 70). Indem dabei der Erkenntnisgewinn als induktiv-deduktives Wechselspiel organisiert wird, soll der scheinbare Gegensatz von theoriegeleiteten Vorgehen mit dem Prinzip der Offenheit aufgehoben werden (Witzel, 2000, Abs. 3). Relevanzsetzungen der Interviewten „als Experten für ihre eigenen Bedeutungsgehalte" (Mayring, 2002, S. 66) werden durch die offen formulierten Fragen, auf die die Befragten frei antworten können, möglich.

Die Grundpositionen des problemzentrierten Interviews sind neben der Problemzentrierung, die Gegenstands- und die Prozessorientierung:

- **Problemzentrierung:** Im Fokus der Forschung steht ein Problembereich von gesellschaftlicher Relevanz, zu dem die Äußerungen der Interviewten erhoben werden sollen (Witzel, 2000, Abs. 4). „Wie auch im quantitativen Paradigma üblich, bereitet sich der Forscher durch Literaturstudium, eigene Erkundungen im Untersuchungsfeld, durch Ermittlung des Fachwissens von Experten usw. auf die Studie vor" (Lamnek, 2010, S. 333).
- **Gegenstandsorientierung:** Neben dem Interview als wichtigster Methode können mit standardisierten Fragebögen oder Gruppendiskussionen weitere Methoden entsprechend den Anforderungen des Untersuchungsgegenstandes eingesetzt werden. Als flexible Methode wird das problemzentrierte Interview so dem Kriterium der Gegenstandorientierung gerecht (Witzel, 2000, Abs. 4). Die Gegenstandorientierung zeigt auch in der Flexibilität im Hinblick auf die Gesprächsführung während des Interviews. So werden in Abhängigkeit von Wortgewandtheit und Reflexionsfähigkeit der Interviewten entweder stärker Narrationen oder unterstützende Nachfragen eingesetzt (ebd.).
- **Prozessorientierung:** „Es geht um die flexible Analyse des wissenschaftlichen Problemfeldes, eine schrittweise Gewinnung und Prüfung von Daten, wobei Zusammenhang und Beschaffenheit der einzelnen Elemente

sich erst langsam und in ständigem reflexiven Bezug auf die dabei verwandten Methoden herausschälen" (Witzel, 1985, S. 233). Um dabei das Vertrauen der Interviewten zu gewinnen und somit deren Offenheit, Erinnerungsfähigkeit und Selbstreflexion zu fördern, ist es erforderlich, „dass der Kommunikationsprozess sensibel und akzeptierend auf die Rekonstruktion von Orientierungen und Handlungen zentriert wird" (Witzel, 2000, Abs. 4).

Mayring (2002, S. 71) veranschaulicht das Vorgehen beim problemzentrierten Interview in einem Ablaufmodell (Abb. 8). Diesbezüglich ist auf die Phase der Interviewdurchführung und die verschiedenen Fragetypen einzugehen. Als Einstiegsfragen in die Thematik sind Sondierungsfragen sehr offen formuliert. Die für zentral erachteten Themenaspekte sind in Form von Leitfadenfragen im Interviewleitfaden enthalten. Ad-hoc-Fragen bieten einerseits die Möglichkeit, Nachfragen zu angesprochenen Themenbereichen zu stellen und andererseits „für die Erhaltung des Gesprächsfadens" (Mayring, 2002, S. 70).

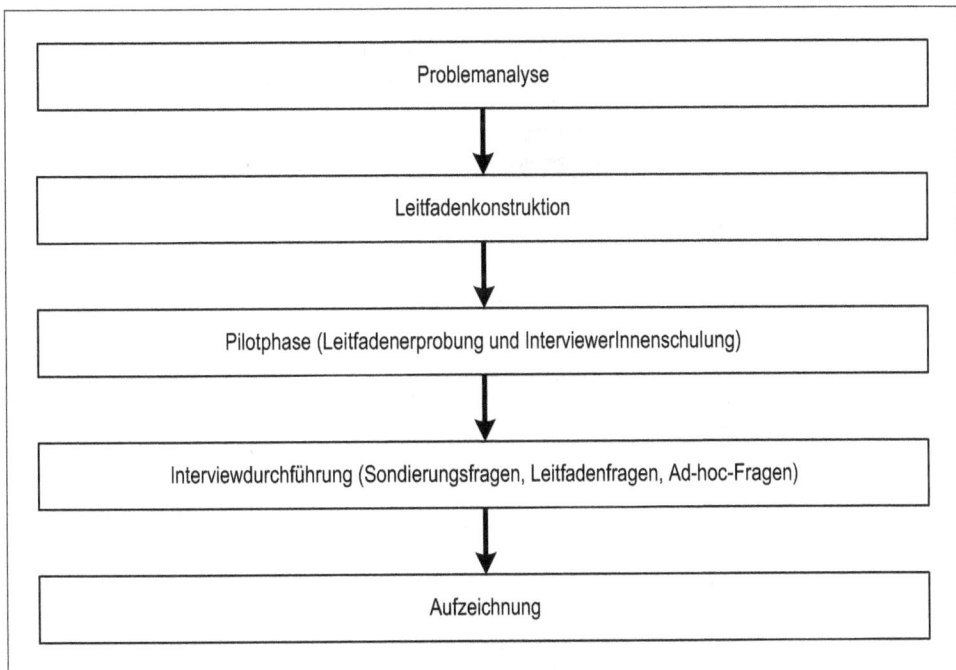

Abbildung 8: Ablaufmodell des problemzentrierten Interviews (Mayring, 2002, S. 71)

Bei den vier von Witzel (1985, S. 236) vorgesehenen Instrumenten des problemzentrierten Interviews handelt es sich um den Interviewleitfaden, den Kurzfragebogen, die Tonbandaufzeichnung und das Postskriptum.

Interviewleitfaden: Auf der Grundlage des erarbeiteten Vorwissens zum Problembereich wird der Interviewleitfaden entwickelt. Dabei hat der Interviewleitfaden „nicht die Aufgabe, ein Skelett für einen strukturierten Fragebogen abzugeben, sondern soll das Hintergrundwissen des Forschers thematisch organisieren, um zu einer kontrollierten und vergleichbaren Herangehensweise an den Forschungsgegenstand zu kommen" (ebd.). Der im Rahmen dieser Arbeit verwendete Leitfaden wurde auf Grundlage des erarbeiteten theoretischen Vorwissens entwickelt (Abb. 9).

I. Vorspann

Wie Du ja weißt, schreibe ich zurzeit meine Masterarbeit im Studiengang Klinische Sozialarbeit zum Thema *Bindungsorientierung in der psychosozialen Praxis mit Menschen mit geistiger Behinderung.*

Es wird ja immer wieder davon gesprochen, dass es sich bei unserer Arbeit ganz wesentlich um Beziehungsarbeit handelt. Ich gehe davon aus, dass helfende Beziehungen in unserer psychosozialen Praxis – wie in der Sozialen Arbeit allgemein – als Bindungsbeziehungen betrachtet werden können. Aus dieser Perspektive können die Fachkräfte den KlientInnen zum Beispiel eine sichere Basis bieten, um sich selbstbestimmt zu entwickeln. Im Hauptteil meiner Arbeit möchte ich mit diesem Thema empirisch auseinandersetzen.

Mir geht es in dem Interview um Deine ganz persönlichen Erfahrungen, Gefühle, Erkenntnisse und Ansichten. Erzähle einfach frei, was Dir dazu einfällt. Ich werde mir dazu einige Notizen machen. Nachfragen werde ich nur dann stellen, falls ich etwas nicht ganz verstanden habe oder mich Einzelheiten noch ausführlicher interessieren.

II. Eingangsfrage

Ich interessiere mich dafür, welche Rolle die Gestaltung der Beziehungen mit Deinen KlientInnen spielt und wie Du dies in Deiner Praxis ganz konkret umsetzt. Mich interessiert alles, was Dir dazu einfällt. Fange doch einfach damit an, was Dir dazu als erstes einfällt.

III. Fallbeispiele

- Fallen Dir dazu konkrete Fallbeispiele ein?
- Vielleicht kannst Du Dich an Fallbeispiele erinnern, bei denen der Unterstützungsprozess aus dieser Perspektive positiv bzw. negativ verlief bzw. verläuft. Kannst Du Dich diesbezüglich an konkrete Situationen erinnern, die Du mir schildern kannst?
- Wie ist es Dir damit gegangen?

IV. Aufbau von Bindung/Beziehung

- Wie bist Du beim Aufbau der Beziehung konkret vorgegangen?
- Wie hat sich Vertrauen entwickelt? Kannst Du Dich an konkrete Situationen oder Schlüsselsituationen erinnern, die Du mir schildern kannst?
- Was war für den Beziehungsaufbau aus Deiner Sicht hilfreich bzw. hinderlich, zum Beispiel personale Aspekte (Sympathie, ...) oder strukturelle/organisationale Aspekte?
- Was würdest Du einer neuen Kollegin/einem neuen Kollegen diesbezüglich raten?

V. Beziehungs-/Bindungserfahrungen des Klienten

- Wie hast Du die Klientin/den Klienten bei dem Beziehungsaufbau wahrgenommen? Kannst Du mir dazu konkrete Situationen schildern?

- Haben dabei (aus der rückblickenden Perspektive) frühere Beziehungs-/Bindungserfahrungen der Klientin/des Klienten eine Rolle gespielt (Eltern, Angehörige, Partnerschaften, FreundInnen, Hilfesystem ...)?
- Was würdest Du einer neuen Kollegin/einem neuen Kollegen diesbezüglich raten?

VI. Gestalt der helfenden Beziehung/Bindungsbeziehung
- Wie hat sich die helfende Beziehung/Bindungsbeziehung in Bezug auf die Zusammenarbeit mit der Klientin/dem Klienten gestaltet, zum Beispiel im Unterschied zur Zusammenarbeit mit anderen Klienten, in Belastungssituationen oder Krisen, bei einer längeren Abwesenheit von Dir (Urlaub). Fallen Dir dazu konkrete Situationen ein, die Du mir schildern kannst?
- Was würdest Du einer neuen Kollegin/einem neuen Kollegen diesbezüglich raten?

VII. Soziales Netzwerk der Klientin/des Klienten
- Hast Du Auswirkungen der helfenden Beziehung (Bindungsbeziehung) in Bezug auf die persönliche Beziehungsgestaltung der Klientin/des Klienten mit seinem sozialen Umfeld wahrgenommen, also zum Beispiel mit Eltern, Angehörigen, PartnerInnen, FreundInnen, gesetzlichen BetreuerInnen oder das Knüpfen neuer Kontakte? Fallen Dir dazu konkrete Beispiele oder Situationen ein, die Du mir schildern kannst?
- Was würdest Du einer neuen Kollegin/einem neuen Kollegen diesbezüglich raten?

VIII. Kontinuität
- Wie gehst Du mit der Beendigung von helfenden Beziehungen um? Wie werden Ablösungsprozesse gestaltet?
- Wird diesbezüglich Kontinuität für die Klientin/den Klienten ermöglicht, zum Beispiel im Sinne einer Möglichkeit zur Kontaktaufnahme bzw. weiterhin bestehenden Ansprechbarkeit?
- Kannst Du das anhand konkreter Beispiele schildern?
- Was würdest Du einer neuen Kollegin/einem neuen Kollegen diesbezüglich raten?

IX. Subjektive Theorien
- Wie würdest Du Bindung definieren?
- Wie würdest Du Beziehung definieren?
- Wie würdest Du soziale Unterstützung definieren?

X. Abschluss
Möchtest Du abschließend noch etwas ergänzen?
Ich möchte mich ganz herzlich bei Dir für die Teilnahme bedanken und würde mich sehr freuen, wenn ich mich im Falle von Nachfragen noch einmal an Dich wenden könnte. Vielen Dank.

Abbildung 9: Interviewleitfaden

Kurzfragebogen: Zur Erhebung relevanter Sozialdaten steht der Kurzfragebogen zur Verfügung. Durch deren Erhebung in Form eines Fragebogens „wird vermieden, daß durch exmanente, d.h. von außen in den Erzählstrang eingebrachte Fragen ein Frage-Antwort-Schema aufgebaut wird, daß die Problementwicklung aus der Sicht des Befragten stört" (Witzel, 1985, S. 236). In der vorliegenden Arbeit wurden die für relevant erachteten Sozialdaten im Anschluss an das Interview erfragt und im Kurzfragebogen protokolliert (Abb. 10).

Kurzfragebogen

Alter: ....

Ausbildung/Qualifikation:

....

Berufserfahrung:

Wie lange beim jetzigen Träger? In welchen Bereichen?

....

Weitere Berufserfahrung?

....

Abbildung 10: Kurzfragebogen

Tonbandaufzeichnung: Die Aufzeichnung des Interviews ermöglicht „die authentische und präzise Erfassung des Kommunikationsprozesses" (Witzel, 2000, Abs. 7) und erlaubt es der Interviewerin bzw. dem Interviewer sich auf das Interview zu konzentrieren (ebd.). Die Aufzeichnung ist Voraussetzung für die anschließende Transkription der erhobenen Daten und leistet damit einen wichtigen Beitrag zur intersubjektiven Nachprüfbarkeit als Gütekriterium qualitativer Forschung (Lamnek, 2010, S. 131; Mayring, 2002, S. 144 f.). In der vorliegenden Untersuchung ist die Audioaufzeichnung als dem Erkenntnisinteresse angemessen zu betrachten (Mey & Mruck, 2010, S. 431). Dafür wurden zwei digitale Aufzeichnungsgeräte verwendet, um das Risiko eines teilweisen oder vollständigen Datenverlusts bei einem technischen Defekt zu reduzieren.

Postskriptum: Mit der Aufzeichnung des Interviews lassen sich nicht alle Ereignisse des Interviews festhalten. „Die InterviewerInnen selbst haben sich als Teil der Untersuchungssituation zu begreifen. Ihre Ahnungen, Zweifel, Vermutungen, Situationseinschätzungen, Beobachtungen von besonderen Rahmenbedingungen des Interviews und von nonverbalen Elementen beeinflussen den Kontext und Ablauf des Gesprächs, werden aber im Interviewskript nur unvollständig oder gar nicht zum Ausdruck gebracht" (Gahleitner, 2005a, S. 49). Für diesen Zweck wurde im Anschluss an jedes Interview ein Postskriptum angefertigt (Abb. 11).

1. Rahmendaten	
Interview-Code:	Antonia Albrecht
Datum / Uhrzeit / Ort:	18.02.2014/17:00 Uhr/Küche
Dauer:	67:31 min
2. Einschätzung des Interviews	
Gesprächsklima:	Offenes Gesprächsklima, relativ ruhiger Ablauf, kurze Unterbrechung wegen Störung durch andere Person (etwa 3-4 Minuten), Störung durch Katze, Störung durch Telefonklingeln
Reaktion der/des Befragten:	Gute Rückmeldung auf Offenheit, überlegte Antworten (Denkprozess wurde erlebbar)
Charakterisierung der/des Befragten:	Sicher, kompetent, reflektiert
Interviewerleistung:	Etwas unsicher zu Beginn
Selbstreflexion:	Anfängliche Bedenken, ob vorheriges Kennen der Interviewten zu Problemen führen kann, schwinden.
Ergänzungsbefragung:	Ggf. sinnvoll, um Beeinflussungen bzw. Verzerrungen durch vorheriges Kennen auszuschließen

Abbildung 11: Postskriptum

3.1.4 Transkription

Bevor die nach Aufzeichnung als Tondatei vorliegenden Interviews der Auswertung durch die qualitative Inhaltsanalyse zugeführt werden können, stellt die Transkription einen notwendigen Zwischenschritt dar. „In einem Transkript wird Gesprochenes schriftlich festgehalten und für anschließende Analysen zugänglich gemacht" (Dresing & Pehl, 2011, S. 16). Dabei existieren keine allgemein gültigen Regeln zur Transkription, diese sind vielmehr dem Gegenstand angemessen auszuwählen (Flick, 2010, S. 379). So existieren Transkriptionssysteme, die sehr genau sind und für linguistische Untersuchungen, bei denen die „Organisation von Sprache" (ebd., S. 380) untersucht wird, erforderlich sind. „Bei psychologischen oder soziologischen Fragestellungen, bei denen sprachlicher Austausch das Medium zur Untersuchung bestimmter Inhalte ist, sind übertriebene Genauigkeitsstandards nur in Sonderfällen gerechtfertigt" (ebd.). Da im Rahmen der vorliegenden Arbeit der semantische Inhalt der Äußerungen der Interviewten im Fokus steht, ist die Entscheidung für die Verwendung eines einfachen Transkriptionssystems als dem Gegenstand angemessen zu bezeichnen (Abb. 12). Zur Verbesserung der Lesbarkeit werden Zitate geglättet, bevor sie in die vorliegende Arbeit übernommen werden.

irjendeener = irgendeiner	Dialekt wird ins Hochdeutsche übertragen.
Sie hat'n Problem. = Sie hat ein Problem.	Wortverschleifungen werden ins Schriftdeutsche übertragen.
Und dann bin ich / sind wir abgefahren.	Satzabbrüche werden durch / gekennzeichnet.
Das ist mir SEHR wichtig.	Besonders betonte Wörter werden durch Großschreibung gekennzeichnet.
Ach (seufzt), das ist nicht schön.	Nonverbale Äußerungen werden in Klammern gesetzt.
[Name des Kollegen]	Alle Angaben, die Rückschlüsse auf Personen zulassen, werden geändert oder wie dargestellt anonymisiert.
(.)	ca. 1 Sekunde Pause
(..)	ca. 2 Sekunden Pause
(...)	ca. 3 Sekunden Pause
(Zahl)	Pausen länger als 3 Sekunden
(unv.) (unv., Telefon klingelt)	Unverständliche Äußerungen, ggf. mit Angabe des Grundes
(Oh, mein Gott?)	Unverständliche, aber vermutete Wortlaute
äh, ähm ...	Füllwörter werden nicht transkribiert
mhm (bejahend) mhm (unbestimmt) mhm (verneinend)	Verständnissignale

Abbildung 12: Transkriptionsregeln (Dresing & Pehl, 2011, S. 20 ff.)

3.1.5 Qualitative Inhaltsanalyse

Zur Auswertung der Interviews findet die Methode der qualitativen Inhaltsanalyse nach Mayring (2008) Anwendung. „Im Zentrum der Qualitativen Inhaltsanalyse steht ein Kategoriensystem, das entweder induktiv aus dem Material entwickelt oder deduktiv an das Material herangetragen wird" (Mayring & Gahleitner, 2010, S. 295). Zur qualitativen Inhaltsanalyse sprachlichen Materials stehen mit der zusammenfassenden, der explizierenden und der strukturierenden Inhaltsanalyse drei Grundformen zur Verfügung, deren Betrachtungsweisen Mayring (2008, S. 58) mit einem „Gedankenexperiment" (ebd.) veranschaulicht:

„Man stelle sich vor, auf einer Wanderung plötzlich vor einem gigantischen Felsbrocken (vielleicht ein Meteorit?) zu stehen. Ich möchte wissen, was ich da vor mir habe. Wie kann ich dabei vorgehen? Zunächst würde ich zurücktreten, auf eine nahe Anhöhe steigen, von wo ich einen Überblick über den Felsbrocken bekomme. Aus der Entfernung sehe ich zwar nicht mehr die Details, aber ich habe das ‚Ding' als Ganzes in groben Umrissen im Blickfeld, praktisch in einer verkleinerten Form *(Zusammenfassung)*. Dann würde ich wieder herantreten und mir bestimmte besonders interessant erscheinende Stücke genauer ansehen. Ich würde mir einzelne Teile herausbrechen und untersuchen *(Explikation)*. Schließlich würde ich versuchen, den Felsbrocken aufzubrechen, um einen Eindruck von seiner inneren Struktur zu bekommen. Ich würde versuchen, einzelne Bestandteile zu erkennen, den Brocken zu vermessen, seine Größe, seine Härte, sein Gewicht durch verschiedene Meßoperationen feststellen *(Strukturierung)*" (ebd.).

In der vorliegenden Arbeit wird das erhobene sprachliche Material einer strukturierenden qualitativen Inhaltsanalyse zugeführt. Das Kategoriensystem wird dabei in einem „deduktiv-induktiven Wechselspiel" (Gahleitner, 2005b, S. 56) entwickelt und kann zusätzlich zu Ober- auch Unterkategorien enthalten. Das so theoriegeleitet am Material entwickelte Kategoriensystem bildet die Grundlage für den Kodierleitfaden, der neben den einzelnen Kategorienbezeichnungen auch die Definition derselben, jeweils eine Kodierregel und je Kategorie ein so genanntes Ankerbeispiel aus dem sprachlichen Material enthält (Mayring & Gahleitner, 2010, S. 297). Den Prozess der strukturierenden qualitativen Inhaltsanalyse stellt Mayring (2002, S. 120) folgendermaßen dar:

```
┌─────────────────────────────────┐
│  Bestimmung der Strukturierungsdimension und  │◄──────────────────┐
│  Ausprägungen (theoriegeleitet), Zusammenstellung des │            │
│  Kategoriensystems              │                                  │
└─────────────────────────────────┘                                 │
                 │                                                   │
                 ▼                                                   │
┌─────────────────────────────────┐                                 │
│  Formulierung von Definitionen, Ankerbeispielen und │             │
│  Kodierregeln zu den einzelnen Kategorien │                        │
└─────────────────────────────────┘              ┌──────────────────┐
                 │                                │  Überarbeitung, gegebenenfalls │
                 ▼                                │  Revision von Kategoriensystem │
┌─────────────────────────────────┐              │  und Kategoriendefinition │
│  Materialdurchlauf: Fundstellenbezeichnung │    └──────────────────┘
└─────────────────────────────────┘                       ▲
                 │                                         │
                 ▼                                         │
┌─────────────────────────────────┐                       │
│  Materialdurchlauf: Bearbeitung und Extraktion der │     │
│  Fundstellen                    │                        │
└─────────────────────────────────┘                       │
                 │                                         │
                 ▼                                         │
┌─────────────────────────────────┐                       │
│  Ergebnisaufbereitung           │───────────────────────┘
└─────────────────────────────────┘
```

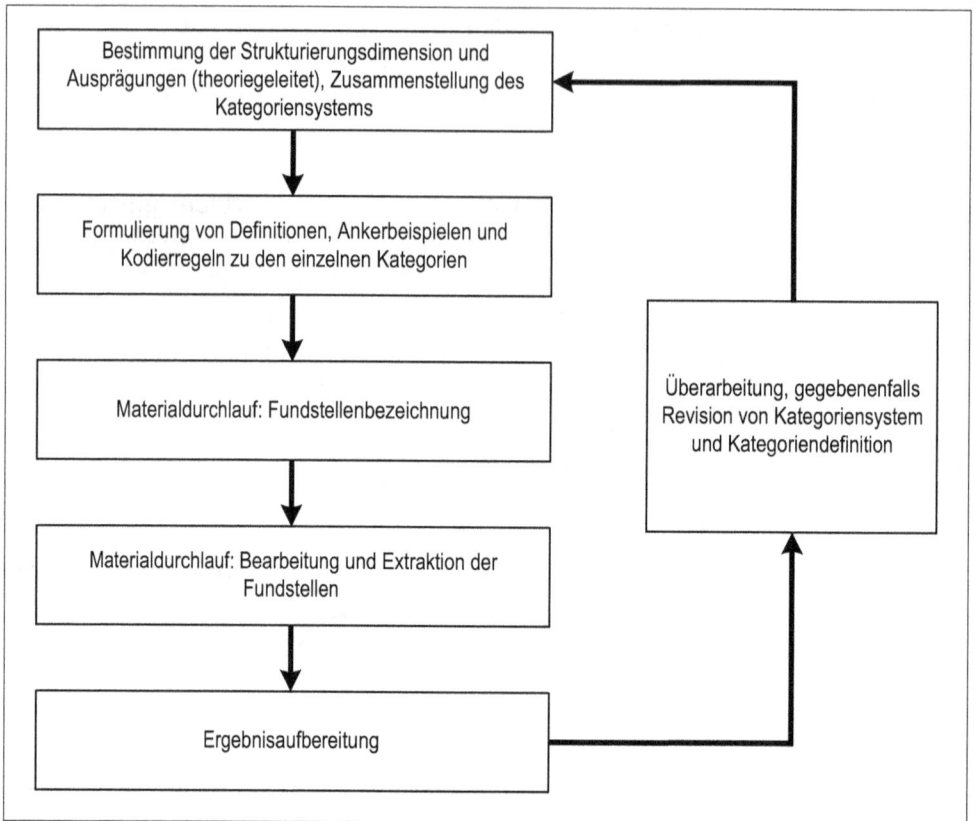

Abbildung 13: Ablaufmodell der strukturierenden qualitativen Inhaltsanalyse (Mayring, 2002, S. 120)

Mayring (2010b, S. 603) betont die Wichtigkeit, bei der Durchführung von qualitativen Inhaltsanalysen, systematisch Gütekriterien einzusetzen. Bei den mindestens zu überprüfenden Gütekriterien handelt es sich um die Intra-Koderreliabilität und um die Inter-Koderreliabilität (ebd, S. 603 f.). „Die Intra-Koderreliabilität wird überprüft, indem nach Abschluss der Analyse zumindest Teile des Materials erneut durchgearbeitet werden, ohne auf die zuerst erfolgten Kodierungen zu sehen. Eine hohe Übereinstimmung gilt als Indikator für die Stabilität des Verfahrens. Die Inter-Koderreliabilität (eigentlich Auswertungsobjektivität) wird überprüft, indem zumindest ein Ausschnitt des Materials einem zweiten Kodierer bzw. einer zweiten Kodiererin vorgelegt wird" (ebd.). Eine hundertprozentige Übereinstimmung wird dabei nicht erwartet, sondern „die Ansprüche an Übereinstimmung heruntergeschraubt (COHENS Kappa über 0,7 als ausreichend)" (Mayring, 2000, Abs. 7). Im Rahmen der vorliegenden Untersuchung wurde anhand von Ausschnitten des erhobenen

Materials die Inter-Koderreliabilität des entwickelten Kodierleitfadens (Abb. 14) überprüft und dabei keine Nicht-Übereinstimmung festgestellt.

OK	UK	Kategorienbe-zeichnung	Kodierregel/Definition	Ankerbeispiel
1		Bindungsorien-tierte Praxis	siehe Unterkategorien	
	1.1	Bindungssensible Grundhaltung/Bin-dungsaufbau	Immer dann, wenn im Text subjek-tive Hinweise darauf schließen las-sen, dass die Fachkraft Aspekte ei-ner bindungssensiblen Grundhal-tung bzw. Aspekte des Bindungs-aufbaus zu KlientInnen anspricht.	*„Und wenn das irgendwie GE-LINGT, also wenn es gelingt, (..) natürlich nicht nur jemand vorzu-spielen, dass man den akzeptiert, sondern dass man ihn tatsächlich akzeptiert und der andere das auch irgendwie (4) so annehmen kann, dann ist in der Regel, meiner Erfahrung nach jedenfalls, so eine große Basis da für Vertrauen. Und für so eine gesicherte Beziehungs-basis"* (Berit Becker, Z. 26-30)
	1.2	Feinfühligkeit	Immer dann, wenn im Text subjek-tive Hinweise darauf schließen las-sen, dass die Fachkraft die Bedürf-nisse der Klientin bzw. des Klien-ten wahrnimmt, sie richtig interpre-tiert sowie prompt und angemessen reagiert.	*„Wir hatten hier so ein Gespräch ir-gendwie und ich habe ihn gefragt (4) zu bestimmten Sachen, die mich da interessiert haben. Also ob er zum Beispiel weiter arbeiten ge-hen will, oder ob er seinen Job ir-gendwie aufgeben möchte lieber, ob ihm das nicht zu stressig ist und habe ihn halt darauf angespro-chen, dass er ja häufig sozusagen nicht da ist und (.) das ist in der Regel ja was bedeutet, dass man da halt irgendwie nicht so einen großen Drang hat irgendwie hinzu-gehen. (.) Und ich habe gesehen, wie das SEHR, sehr, sehr bei ihm gearbeitet hat irgendwie, ob er mir jetzt irgendwas erzählen soll: ,Ich bin halt häufig krank', oder irgend-wie so was. Oder ob er halt irgend-wie sozusagen mit offenen Karten spielt und (.) dann hatte ich mich dazu entschieden irgendwie ihm zu sagen, dass bevor er sich (la-chend) entscheidet, dass mir per-sönlich das völlig schnuppe ist, ob er/ Also ich bewerte das überhaupt nicht irgendwie gut oder schlecht oder irgendwie. Ob er da häufig krank ist auf der Arbeit oder nicht, (.) Sondern mich interessiert eher,*

47

				was jetzt sein Wunsch ist" (Berit Becker, Z. 56-69)
	1.3	Korrigierende Erfahrungen	Immer dann, wenn im Text subjektive Hinweise darauf schließen lassen, dass im Rahmen der helfenden Beziehung für KlientInnen korrigierende / alternative Erfahrungen ermöglicht werden.	*"Und das war halt so ein Punkt, glaube ICH, wo er zum ersten Mal so gemerkt hat: ,Aha, das scheint tatsächlich so zu sein, dass ich jetzt hier niemanden vor mir habe, der mit so einer/ Mit so einem Wertekanon da irgendwie rangeht, der so allgemeingültig ist und mir jetzt hier Vorwürfe macht und irgendwie was weiß ich.' (.) Das ist IMMER noch im Prozess und so und ich sehe bei ihm insbesondere häufig noch so diese Frage im Kopf: „Oh Gott, soll ich jetzt (lachend) irgendwie/ Soll ich jetzt hier was vortäuschen, oder kann ich einfach sagen: ,Naja, ich hatte kein Bock.'" (.) Das ist halt nur dieser eine Bereich. Aber der macht/ (es klopft) Der hat halt auch was gemacht, insgesamt bei der Beziehung"* (Berit Becker, Z. 74-82)
	1.4	Sichere Basis und sicherer Hafen	Immer dann, wenn im Text subjektive Hinweise darauf schließen lassen, dass die helfende Beziehung für die Klientin bzw. den Klienten eine sichere Basis zur Exploration darstellt, auch gemeinsam mit Fachkraft oder wenn im Text subjektive Hinweise darauf schließen lassen, dass die helfende Beziehung für die Klientin bzw. den Klienten einen sicheren Hafen in (emotionalen) Belastungssituationen darstellt.	*"Also dieses ewige Netzhaltende bringt es nicht (.) in jeder Situation. Manchmal müssen die Leute, oder oft sogar, müssen sie irgendwann selbst sich trauen, Dinge zu machen. Und DA ist, (.) genau, ein ganz wichtiger Aspekt in unserer Arbeit, finde ich, ist Zutrauen. Zutrauen vermitteln. Zutrauen haben und Zutrauen vermitteln"* (Berit Becker, 431-434)
	1.5	Ende der Hilfe	Immer dann, wenn im Text subjektive Hinweise darauf schließen lassen, dass der Umgang mit dem Ende der Hilfe bzw. der Ablösung angesprochen werden.	*"Ja, wichtig ist, wenn es zu einer Beendigung kommt, eine entsprechende Verabschiedungsphase oder/ also, sozusagen auch eine Gestaltung, erstens Mal eine klare Kommunikation, WENN sich das entscheidet, dass ich zum Beispiel die Stelle wechsele ODER jemand entscheidet sich woanders hin zu ziehen. Dann ist das ja so ein Prozess den man gestaltet"* (Carla Clemens, Z. 546-550)

2		**Bedeutung und Auswirkung von Bindung bzw. bindungsorientierter Praxis**	Immer dann, wenn im Text subjektive Hinweise darauf schließen lassen, dass sich die Fachkraft zur Bedeutung bzw. Auswirkung von Bindung bzw. bindungsorientierter Praxis äußert.	*„Weil es, obwohl sich das blöd anhört, aber in der Praxis es häufig so ist, dass man das NICHT ersetzen kann, also wenn es so eine ausgewählte Beziehung gibt. Das ist in NICHT-Krisenzeiten völlig Wurst in der Regel. Da sind auch Urlaube und so gar kein Thema. (...) Aber in Krisenzeiten ist das schwierig"* (Berit Becker, 518-521)
3		**Voraussetzungen und Einflussfaktoren**	Siehe Unterkategorien	
	3.1	Rolle der eigenen Person der Fachkraft	Immer dann, wenn im Text subjektive Hinweise darauf schließen lassen, dass die Fachkraft die Rolle der eigenen Person im Sinne einer persönlichen Betroffenheit bzw. Selbstreflexion im Rahmen der bindungsorientierten Praxis anspricht.	*„Die war echt für mich ein schwerer Brocken so. Aber wie du siehst, das Interessante daran ist ja immer, dass das wenig mit den Leuten zu tun hat. Die sind halt so, wie sie SIND. Aber das, was sozusagen, wenn man mit bestimmten Sachen Schwierigkeiten hat, das hat halt immer mit einem selbst zu tun. (.) Und wenn man sich da nicht drum kümmert, dann wird das halt nicht funktionieren"* (Berit Becker, Z. 265-269)
	3.2	Strukturelle Rahmenbedingungen	Immer dann, wenn im Text subjektive Hinweise darauf schließen lassen, dass strukturelle Rahmenbedingungen einer bindungsorientierten Praxis thematisiert werden.	*„Ach, ja, da gibt es noch einiges! Natürlich gibt es auch Aspekte, die von der Institution (4) uns als Aufgabe sozusagen hier so übergeholfen werden, wie zum Beispiel, dass wir dafür zu sorgen haben, dass die Leute irgendwie regelmäßig ihre Zimmer renovieren, oder irgendwie so was. Also wo wir sozusagen Funktionen bekommen, die eigentlich konträr sind zu der Funktion, die wir hier hauptsächlich haben. Nämlich sich neben den Menschen zu stellen und SEINE Interessen zu vertreten. (..) Also wenn ich plötzlich in die Vermieterrolle schlüpfen muss und jemand sagen soll: ‚Du musst jetzt hier aber, sonst kriegst du irgendwie', oder so, das ist absolut hinderlich und das sollte man tunlichst getrennt lassen. Das ist auch was, wo es meiner Ansicht nach mit Professionalität zu tun hat, dass man das*

4		Subjektive Theorien	Siehe Unterkategorien	klar hat, dass man so was trennt" (Berit Becker, 287-296)
	4.1	Bindung	Immer dann, wenn im Text subjektive Hinweise darauf schließen lassen, dass Bindung auf Grundlage subjektiver Theorien definiert wird.	„Na, Bindung ist für mich so das emotionale Band zwischen (..) zwei Menschen, was eine ganz besondere Qualität hat. (8) Ja, und (.) einen besonderen Kontakt bedeutet" (Antonia Albrecht, Z. 712-714)
	4.2	Beziehung	Immer dann, wenn im Text subjektive Hinweise darauf schließen lassen, dass Beziehung auf der Grundlage subjektiver Theorien definiert wird.	„Beziehung ist, wenn zwei Menschen sich im Raum befinden, oder auch nicht. Beziehung ist/ Beziehung ist einfach den anderen (.) ERKENNEN. Also kennen, oder erkennen. Also ich habe auch eine Beziehung zu jemanden, der einfach nur auf dem Gleis am Mehringdamm steht, nämlich, wir sind beide Fahrgäste, oder wir sehen einander. Ich habe auch eine Beziehung zu jemandem, wie meinem Opa, der jetzt in einer anderen Stadt ist und den ich KENNE. Ich kenne den" (Antonia Albrecht, 716-721)
	4.3	Soziale Unterstützung	Immer dann, wenn im Text subjektive Hinweise darauf schließen lassen, dass soziale Unterstützung definiert wird.	„Soziale Unterstützung ist für mich das, (.) wie Menschen anderen Menschen (.) dienlich und hilfreich sein können" (Carla Clemens, Z. 684-685)

Abbildung 14: Kodierleitfaden

Es ist darauf hinzuweisen, dass die subjektiven Theorien der Interviewten zu zentralen Begrifflichkeiten in den Interviews erhoben wurden, um einen Eindruck zu gewinnen, ob die wesentlichen Begriffe untereinander im Verständnis geteilt werden. Da es bei den Begriffen Bindung, Beziehung und soziale Unterstützung keine Abweichungen vom üblichen Verständnis gab, wurde auf eine Darstellung dieser Begriffsverwendungen in der Auswertung bei den Interviewten im Einzelnen verzichtet.

3.2 Auswertung der Interviews

In diesem Teil der Arbeit erfolgt auf der Grundlage des vorgestellten Kategoriensystems (Abb. 14) die Auswertung der nach Transkription als Text vorliegenden drei geführten Interviews. Dem vorangestellt erfolgt eine zusammenfassende Darstellung des institutionell-organisationalen Rahmens der psychosozialen Praxis der Fachkräfte sowie jeweils eine kurze Vorstellung der befragten Fachkräfte, die auf deren Angaben im verwendeten Kurzfragebogen (Abb. 10) basiert. Den Abschluss dieses Teils der Arbeit bildet ein systematischer Vergleich der drei Interviews.

3.2.1 Darstellung des institutionell-organisationalen Rahmens

Die drei im Rahmen dieser Arbeit befragten Fachkräfte üben ihre psychosoziale Praxis bei ein und demselben Träger im ambulanten Bereich (Betreutes Einzelwohnen und Wohngemeinschaft) eines großen Trägers der Behindertenhilfe aus. Das Angebot dieses bundesweit präsenten Trägers ist in Berlin schwerpunktmäßig im Bereich des ambulanten und stationären Wohnens für Menschen mit geistiger Behinderung angesiedelt.

Sowohl das Betreute Einzelwohnen (BEW) als auch Wohngemeinschaften (WG) sind ambulante Unterstützungsformen im Bereich des Wohnens und richten sich an erwachsene Menschen mit geistiger Behinderung. Dabei wohnen KlientInnen des BEW in einer selbst angemieteten Wohnung. Die rechtliche Grundlage beider Unterstützungsformen bildet die Eingliederungshilfe, die in den §§ 53, 54 SGB XII geregelt ist. Die dem *Berliner Rahmenvertrag gemäß § 79 Abs. 1 SGB XII für Hilfen in Einrichtungen und Diensten im Bereich Soziales* angehängte *Leistungsbeschreibung für den Leistungstyp Betreutes Einzelwohnen für Menschen mit geistiger, körperlicher und/oder mehrfacher Behinderung* bzw. *Leistungsbeschreibung für den Leistungstyp Wohngemeinschaften für Menschen mit geistiger, körperlicher und/oder mehrfacher Behinderung* bestimmen die leistungstypspezifischen Regelungen.

3.2.2 Interview mit Berit Becker

Die zum Zeitpunkt des Interviews 48-jährige Berit Becker ist Heilerziehungspflegerin. Während ihrer 20-jährigen Berufstätigkeit beim jetzigen Träger hat sie in verschiedenen Wohngemeinschaften gearbeitet. Zuvor hat sie bei einem

überregionalen Bildungsträger gearbeitet und nach dessen Konkurs einen ge-
meinnützigen Verein aufgebaut, der Bildungs- und Freizeitmaßnahmen sowie
Wohnprojekte für junge Erwachsene anbietet.

3.2.2.1 Bedeutung und Auswirkung von bindungsorientierter Praxis

Die Bedeutung der helfenden Beziehung und die tendenzielle Nicht-Ersetzbarkeit der Fachkraft zeigen sich vor allem *„in Krisensituationen, die ein Klient
haben kann"* (Z. 508). Da *„immer unterschiedlich gestaltete Beziehungen zwischen den Leuten"* (Z. 507) bestehen, führt dies dazu, *„dass der [Klient; Erg.
d. Verf.) sich natürlich dann möglichst an die Person wendet, zu der er sozusagen das vertrauensvollste Verhältnis hat. Und wenn die Person dann nicht
da ist, dann kann das schwierig sein"* (Z. 508-511).

Frau Becker hat bei KlientInnen Veränderungen in der Art und Weise der persönlichen Beziehungsgestaltung mit deren sozialen Umfeld beobachtet, hält es
aber für fragwürdig, *„das jetzt so direkt auf diese helfende Beziehung"* (Z. 534)
zurückzuführen. Ihrer Einschätzung ist die helfende Beziehung nicht ursäch-
lich für solche Veränderungen, sondern ein Faktor, der *„in der Entwicklung
von Menschen eine Bedeutung hat"* (Z 537-538). Diese Entwicklung führt
dazu, *„dass sie teilweise erwachsener geworden sind, erfahrener geworden
sind, dass sie Situationen erlebt haben mit Leuten, auch mit mir ..., die sie
geprägt haben"* (Z. 541-544). *„Und wenn das halt gelingt"* (Z. 573), *„jemand
... Sicherheit zu geben, dass er mal was ausprobieren kann und dass er sich
was zutraut"* (Z. 571-572), führt dies zur Steigerung des Selbstvertrauens und
einem veränderten Auftreten auch gegenüber den Eltern. Aufgrund der teilweise verstrickten Beziehungsstrukturen *„kann man da oft nicht wirksam intervenieren"* (Z. 554) auch bei *„sich sehr schädlich auswirkenden Beziehungs-
konstellationen"* (Z. 552-553). Die Vorstellung, *„dass man da was ändern
würde"* (Z. 559), *„von was, was so groß ist"* (Z. 556), hält Frau Becker für
„total vermessen" (Z. 558).

Frau Becker ist der Einschätzung, dass *„natürlich alle prägenden Beziehungen
irgendwie von früher einen großen Einfluss auf die Beziehung, die man hier
erlebt"* (Z. 367-369) haben. Sie konkretisiert dies anhand eines Klienten, der
zu seiner Mutter in einem *„Abhängigkeitsverhältnis"* (Z. 348-349) stand und
*„ihr nicht immer alles erzählt [hat; Erg. d. Verf.] ..., damit sie nicht in be-
stimmte Zustände gerät"* (Z. 350-351). In der Interaktion mit dem Klienten

52

merkte Frau Becker, dass dieser in ihr eine Mutterfigur suchte, *„die bestimmte positive Aspekte natürlich abdeckt"* (Z. 359) und emotional präsent ist. Gleichzeitig wollte sie verhindern, dass der Klient *„denkt, er müsse mich auch irgendwie so anschwindeln, was bestimmte Sachen angeht und so weiter, weil ich da ja gar keine Aktien drinnen hatte"* (Z. 361-363).

3.2.2.2 Bindungsorientierte Praxis

Bindungssensible Grundhaltung/Bindungsaufbau: Frau Becker erachtet eine akzeptierende Haltung der Fachkraft und die Vermittlung von Akzeptanz als *„unheimlich wichtig"* (Z. 19-20). Von Bedeutung ist dabei, *„natürlich nicht nur jemand vorzuspielen, dass man den akzeptiert, sondern dass man ihn tatsächlich akzeptiert"* (Z. 27-28), *„wie er ist mit all seinen Ecken und Kanten, die sich dann irgendwann im Laufe des Sich-Kennenlernens so zeigen"* (Z. 24-25). Die erfolgreiche Vermittlung von Akzeptanz, die sie als zeitintensiv einstuft, ist grundlegend für eine vertrauensvolle Beziehung. *„Eine große Offenheit zu haben und ... auch neugierig zu sein"* (Z. 648-649), schätzt Frau Becker als *„günstig ... in der Arbeit mit Menschen oder überhaupt im Umgang mit Menschen"* (Z. 643-644) ein.

Nach Einschätzung von Frau Becker ist es außerdem wichtig, *„dass man was findet, was einem gemeinsam Spaß macht ... oder mit Leuten irgendwie Sachen zu machen, die man auch gerne macht. Das ist immer schön. Jemand zu finden, der auch gerne irgendwie Fahrrad fährt ... also da auch sozusagen an sich selbst ruhig auch zu denken"* (Z. 652-659). Darin zeigt sich dann auch der spezifische Charakter einer helfenden Beziehung.

Feinfühligkeit: Aufgrund sehr häufiger Fehlzeiten bei seiner Arbeitsstelle und dem durch die Arbeitsstelle an Frau Becker herangetragenen Gesprächswunsch diesbezüglich, sucht sie zunächst das Gespräch mit dem Klienten Anton. Feinfühlig nimmt sie während des Gespräches wahr, *„wie das sehr, sehr, sehr bei ihm gearbeitet hat irgendwie, ob er mir jetzt irgendwas erzählen soll: ‚Ich bin halt häufig krank', oder irgendwie so was. Oder ob er halt irgendwie sozusagen mit offenen Karten spielt"* (Z. 62-64). Sie versichert ihm daher, dass sie sein Verhalten *„überhaupt nicht irgendwie gut oder schlecht oder irgendwie"* (Z. 67) bewerten würde, sondern daran interessiert sei, *„was jetzt sein Wunsch ist"* (Z. 68-69) und sie ihn dabei unterstützen würde.

Nach erfolgreicher Bewältigung der „*Arbeitsgeschichte*" (Z. 164-165), „*was ja auch sehr ... zusammenschweißt*" (Z. 165-166), kann sich Anton gegenüber Frau Becker weiter öffnen. So wendet er sich mit dem Wunsch nach Unterstützung beim Aufräumen seines Zimmers an sie. Zu diesem hatte er zuvor weder Frau Becker noch ihren KollegInnen Zutritt gewährt und „*guckte da immer ganz doll drauf, dass da keiner reinschaut großartig*" (Z. 177-178). Die Scham und Anspannung Antons wegen möglicher Kommentierungen bezüglich des unaufgeräumten Zimmers wahrnehmend, äußert sich Frau Becker dazu nicht „*und wir haben uns sozusagen an die Planung und Organisation des Ordnens und so begeben und haben da halt einfach so losgearbeitet*" (Z. 187-188). Nachdem beide „*das letzte Eckchen sauber hatten*" (Z. 200), ließ der Klient voll Stolz seine Zimmertür offen stehen.

Als zweites Fallbeispiel beschreibt Frau Becker die „*Frieda-Situation*" (Z. 162), die „*wirklich so ganz dicht*" (Z. 163) war. Die Klientin Frieda „*hatte depressive Schübe*" (Z. 115) und „*Hording-Tendenzen*" (Z. 113), so „*dass ihr das super unangenehm eigentlich ist, dass da jemand in dieses Zimmer rein-geht*" (Z. 118-119). Beim Erstkontakt mit der Klientin nahm Frau Becker „*ei-nen ziemlich ängstlichen Gesichtsausdruck*" (Z. 145-146) der im Bett liegen-den Klientin wahr. Den Zustand des Zimmers hat sie „*einfach ausgeblendet*" (Z. 144), ist „*auf sie zugegangen, als wäre das andere nicht da*" (Z. 144-145) und stellt sich bei der Klientin vor. Frau Becker „*war da ganz vorsichtig*" (Z. 147) und sich bewusst, „*dass ich jetzt hier eigentlich schon eine Grenze über-trete*" (Z. 148-149), aber „*wäre auch nicht reingegangen, wenn sie nicht ‚Her-ein!' gerufen hätte*" (Z. 150-151). Die Klientin äußerte Frau Becker gegenüber im Nachhinein, dass sie durch ihr Verhalten in der Situation „*ihr Herz gewon-nen habe*" (Z. 122-123).

Korrigierende Erfahrungen: Frau Becker schätzt ein, dass der Klient Anton bei der „*Arbeitsgeschichte*" (Z. 164-165) die Erfahrung machte, akzeptiert zu werden und nicht auf der Grundlage eines universellen Wertesystems für sein Verhalten kritisiert zu werden. Frau Becker beschreibt, dass dies „*immer noch im Prozess*" (Z. 78) ist und sie bei dem Klienten oft die „*Frage im Kopf*" (Z. 79) wahrnimmt, ob er ihr gegenüber offen sein kann oder „*was vortäuschen*" (Z. 80) soll. Während des Gesprächs mit der Arbeitsstelle hat Frau Becker „*das gemacht, was halt unser Job ist. Ich habe mich neben ihn gesetzt und wir hatten vorher abgesprochen, was er will und in diese Richtung haben wir beide ar-gumentiert. Fertig*" (Z. 171-173). Die Erfahrung, „*dass dann da so eine Front*

*sitz, die dann den armen Mitarbeiter ... in die Zange nimmt und die morali-
sche Keule rausholt"* (Z. 169-170) bleibt Anton so erspart.

Sichere Basis und sicherer Hafen: Frau Becker hat junge KlientInnen halt-
gebend begleitet, die *„ganz normal in ihrer Entwicklung mit der Ablösung vom
Elternhaus zu tun"* (Z. 378-379) hatten, wobei *„verschiedene Aspekte"* (Z.
380-381) wie *„Liebesbeziehungen ... die WG mit den Beziehungen"* (Z. 382)
und Freundschaften wichtig waren. Mit dem *„Aufzeigen von verschiedenen
Lebensentwürfen"* (Z. 388-389), Gestaltungsmöglichkeiten zwischenmensch-
licher Beziehungen, dem *„Zeigen von irgendwelchen kulturellen Geschich-
ten"* (Z.392-393) bei Unternehmungen hat Frau Becker *„unheimlich viel sozusagen geboten"* (Z. 387-388) und KlientInnen in ihrer Autonomieentwicklung
unterstützt.

Den Charakter der Beziehungen zwischen KlientInnen und ihren Eltern sowie
den Umgang damit in der helfenden Beziehung verdeutlicht Frau Becker anhand von zwei Fallbeispielen, die sie jeweils als *„ganz klassisch"* (Z. 338)
bezeichnet. Im Falle des Klienten Bernd beschreibt sie die Beziehung zu seiner
Mutter als *„sehr eng und die Mutter ... als ... häufig übergriffig"* (Z. 303-304).
Sie beschreibt ihren Umgang damit: *„Früher habe ich dann immer gedacht:
‚Gott, man muss die schützen vor den Angehörigen' ... Das ist jetzt so, dass
ich bei Bernd zum Beispiel völlig klar habe, dass er nicht vor seiner Mutter
beschützt werden will, sondern dass das viel entlastender für ihn ist, dass ich
in eine Rolle gehe, die wirklich an seiner Seite ist"* (Z. 305-309). So versucht
sie emotionalen Belastungssituationen vorzubeugen, indem sie den Klienten
auf potentielle Auslöser für diese hinweist und ihm anbietet, diese gemeinsam
mit ihm im Vorhinein auszuräumen.

Auch im Falle des anderen Klienten charakterisiert Frau Becker dessen Beziehung zu seiner Mutter als eine *„sehr, sehr enge Beziehung"* (Z. 337). Sie schildert: *„Die Mutter sagt ihm, was er machen soll, als der bei uns einzog in die
WG wusch die immer seine Wäsche ..., putzte das Zimmer ... Also so einerseits
dieses Umsorgen, andererseits auch diese Kontrolle, dass irgendwie der Junge
auch ja nicht außer Rand und Band gerät ... Und dann war das erst mal so
eine Arbeit [mit; Erg. d. Verf.] ihr, dass sie Vertrauen gewinnt, dass ihr Junge
hier nicht auf die schiefe Bahn gerät und dass ihm das schon irgendwann gelingen wird, seine Wäsche zu waschen mit unserer Hilfe .... Aber dass er das
halt nicht kann, wenn sie das immer macht ... Und dann hat sie das in einigen*

Punkten dann tatsächlich auch gelassen und auf die längere Sicht kam sie dann nur noch wirklich sehr selten" (Z.338-348).

"Konstellationen, die so die Gefahr bergen, dass es da zu Schwierigkeiten, zu Konflikten und so kommen kann" (Z. 323-324), können sich nach Erfahrung von Frau Becker im Umgang mit dem sozialen Umfeld von KlientInnen dann ergeben, *"wenn die Eltern ... Ansprüche an uns stellen, die wir nicht erfüllen wollen und können, wie zum Beispiel dafür Sorge tragen, dass jemand dies oder jenes tut"* (Z. 316-318). In solchen Situationen *"muss man den Eltern halt erklären, was wir für eine Rolle haben, was sie für eine Rolle haben ..., dass das durchaus in Ordnung ist, wenn sie sich da irgendwie sorgen und dies und das wollen ..., aber das ... sozusagen hat nichts mit unserer Rolle hier zu tun"* (Z. 319-322).

Auch *"der Bereich Verständnis, Empathie"* (Z. 400) ist nach Einschätzung von Frau Becker von Bedeutung. So steht sie KlientInnen in emotionalen Belastungssituationen verständnisvoll zur Seite.

Als *"Meilenstein"* (Z. 404) stuft Frau Becker ihre Erfahrung mit der Klientin Karin ein. Die 20-Jährige hatte *"wirklich spätpubertäre nicht Allüren, sondern die war halt so drauf"* (Z. 405) und *"so einen großen Drang, irgendwie sich immer durchzusetzen und irgendwie da zu sein und gesehen zu werden und so und eckte da andauernd an auf der Arbeit und hat es nirgendwo lange ausgehalten. Vor allen Dingen ältere Männer hatten mit ihr ein großes Problem"* (Z. 406-410). Frau Becker schildert, dass es wiederholt zu Konflikten zwischen der Klientin und den Gruppenleitern kam. Sie erinnert sich, dass die von ihr begleiteten Gespräche mit den Gruppenleitern und dem Sozialdienst der Werkstatt für Menschen mit Behinderung nicht zur Klärung führten und *"immer das Gleiche passierte. Die sagten: ,Das kann ich mir doch nicht bieten lassen von so einer Göre ... und das mache ich nicht mehr mit' Und Karin dann sagte: ,Dann will ich auch gar nicht mehr mit dir!'"* (Z. 413-416). In der Folge durchlief die Klientin *"jede einzelne Abteilung"* (Z. 411) der Werkstatt für Menschen mit Behinderung *"bis dann irgendwann die letzte Abteilung erreicht war"* (Z. 417), die Kündigung der Klientin im Raume stand und erneut ein Gespräch stattfinden sollte. Frau Becker geht in dieser Situation *"voll ins Risiko"* (Z. 425) und teilt der Klientin mit: *"Karin, da gehst du jetzt schön alleine hin. Wenn du deinen Job behalten willst gehst du da hin und wenn du deinen Job nicht behalten willst, dann gehst du da nicht hin. Aber ich gehe zu keinem Gespräch mehr dieser Art"* (Z. 419-422). Frau Beckers Zweifel, die Klientin in dieser Situation „*alleine gelassen*" (Z. 423-424) zu haben, lösen sich, als sie vom Gesprächsergebnis erfährt. Die Klientin „*hatte ihren Job behalten und ging von da an bei dieser Frau in der Gruppe zur Arbeit*" (Z. 426-427). Frau Becker resümiert: „*Das war jetzt auch nur so ein Knackpunkt, aber manchmal muss man Sicherheit auch entziehen will ich damit sagen ... und da ist ... ein ganz wichtiger Aspekt in unserer Arbeit ... Zutrauen*" (Z. 427-434).

Frau Becker konkretisiert dies anhand von zwei weiteren Fallbeispielen: Die Klientin Lisa „*machte schon seit sehr langer Zeit irgendwie bei diesem therapeutischen Reiten mit ... und machte das sehr gerne*" (Z. 438-440). Trotzdem wird die Klientin während einer Gruppenreise angesichts des bevorstehenden Kamelreitens „*immer unsicherer*" (Z. 446). Frau Becker gelingt es, der Klientin ihre Befürchtungen zu nehmen und sie zum Kamelreiten zu motivieren, indem sie ihr sagt: „*Du steigst jetzt sofort auf dieses Kamel. Jetzt. Ich weiß genau, du kannst das. Du kannst das besser als jeder von uns hier. Du steigst ja jeden Montag auf diese Pferde da, die sind irgendwie genau so groß wie dieses Tier und so und du machst das dann. So, jetzt Zack*" (Z. 450-453). Angesichts dieser Erfahrung „*saß sie [die Klientin; Erg. d. Verf.] da oben und grinste übers ganze Gesicht und war total glücklich, dass sie das gemacht hat und dass sie das geschafft hat*" (Z. 455-456).

Eine weitere diesbezügliche Erfahrung machte Frau Becker mit dem Klienten Bernd. „*Bernd hat das auch ganz oft, sozusagen sind da Situationen, wo man ihm ganz viel Zutrauen geben muss und wo das gut funktioniert*" (Z. 457-458). Der Klient hat „*große Schwierigkeiten mit dem Geld*" (Z. 458): „*Also er weiß nicht, wenn jetzt jemand sagt: ‚15,87 Euro‘, ob ... 20 Euro reichen, wenn er die als Scheine hingibt, oder nicht und er ist da sehr verunsichert*" (Z. 459-461). Während einer Gruppenreise führt diese Verunsicherung von Bernd dazu, dass er sich in der betreuungsfreien Zeit zunächst nicht traute, zur Bar „*hinzugehen und sich ein Bier zu bestellen*" (Z. 468-469). Am dritten Tag wendet er sich sein Problem schildernd an Frau Becker. Ihren Rat – „*Klar, Bernd. Das machst du jetzt einfach. Du nimmst immer einen Schein ... Ein Bier kann nie so viel kosten wie ein Schein. Egal, was für einer. Und das kriegst du hin*" (Z. 472-475) – befolgend, macht Bernd die Erfahrung, dass das „*funktioniert*" (Z. 477).

Ende der Hilfe: Bezogen auf die Beendigung von Unterstützungsprozessen findet es Frau Becker „*ganz günstig, wenn man dann nicht so von einem Schlag auf den anderen irgendwie so weg ist*" (Z. 621-622). Aufgrund der Langfristigkeit des Unterstützungsprozesses „*wäre das auch total schräg ..., wenn man dann irgendwie gar nichts mehr voneinander hört*" (Z. 626-627). Dennoch hat sie die Erfahrung gemacht, „*dass man wenig ... Möglichkeit hatte ... das irgendwie zu gestalten*" (Z. 583-584), da dies „*immer so schnell*" (Z. 582-583) ging.

Bei ihrem trägerinternen Wechsel zur jetzigen Einrichtung hat sie bei Bekanntwerden mit den Klientinnen und Klienten darüber gesprochen. Dabei „*kam dann halt sehr häufig*" (Z. 592-593) von den KlientInnen der Wunsch auch nach ihrem Weggang den Kontakt durch Besuche oder gemeinsame Unternehmungen aufrechtzuerhalten. „*Ich habe das auch bestätigt, weil das auch meine Ansicht war, dass wir uns nicht aus den Augen verlieren*" (Z. 593-594). Frau Becker „*war auch relativ schnell klar*" (Z. 586), dass den KlientInnen eine Auseinandersetzung mit den Änderungen häufig erst nach deren Eintritt möglich ist.

Auch nach dem Wechsel war und ist Frau Becker für die KlientInnen erreichbar, wodurch sie „*gemerkt haben, ich tauche da zwar nicht mehr auf jeden Tag. Aber sie können mich ab und an hier auch anrufen oder so. Was sie auch manchmal immer noch tun ... in so einem normalen Rahmen*" (Z. 618-621). Frau Becker resümiert: „*Ich habe die Erfahrung gemacht, dass auch bei Leuten, die ... so eine relativ enge Beziehung zu mir hatten, dass das gut funktioniert hat. Auch das Weggehen von mir .... was ... mich ganz froh gemacht hat, weil es mir so ein Stück auch bestätigt hat, dass die Leute ganz stabil irgendwie im Leben stehen*" (Z. 595-599)

3.2.2.3 Einflussfaktoren und Voraussetzungen

Rolle der eigenen Person der Fachkraft: Die Rolle der eigenen Person wird bereits beim Bindungsaufbau deutlich. So kann das Akzeptieren von KlientInnen abhängig davon „*wie man selbst aufgestellt ist und mit welchen Themen man selbst rumläuft*" (Z. 33-34) „*ganz unterschiedlich schwierig*" (Z. 31-32) sein, „*weil in erster Linie man sich da ja selbst einbringt*" (Z. 32). So kann es sein, „*dass sie halt sozusagen Persönlichkeitsanteile zum Beispiel haben, die* *bei einem selbst irgendwas auslösen und dann muss man sich erst mal damit beschäftigen"* (Z. 35-37).

Sie schildert in diesem Zusammenhang ihre Erfahrungen mit der Klientin Heidi, die *„Persönlichkeitsmerkmale zeigt, die bei mir irgendwie Unbehagen auslösen und [...] habe gemerkt, dass ich da oft zu schroff auch, also übermä-ßig schroff sozusagen mich da abgrenze"* (Z. 212-215). In der Folge hat sie darüber mit ihren *„Teamkollegen"* (Z. 215-216) gesprochen und hat *„viel drüber nachgedacht, welche Bestandteile genau das sind und was das mit mir zu tun habe und woher ich das kenne und ... inzwischen hat sich das fast voll-ständig aufgelöst"* (Z. 216-218). Frau Becker charakterisiert ihre Beziehungs-gestaltung mit der Klientin vor der Reflexion ihres Handelns als *„sehr unpro-fessionell"* (Z. 221) und *„sehr davon bestimmt ..., mich abzugrenzen und das ist jetzt für mich einfacher geworden"* (Z. 221-222).

Die Bedeutung persönlicher Erfahrungen im Rahmen einer bindungsorientier-ten Praxis schildert Frau Becker anhand der Klientin Ingrid. Diese *„hatte so eine sehr, sehr sprunghafte manchmal Art und [war; Erg. d. Verf.] so eine sehr laute Person"* (Z. 228-229). Frau Becker schildert, dass sie *„anfangs große, große Schwierigkeiten"* (Z. 229-230) hatte, sich *„auf sie einzulassen und sie so akzeptieren"* (Z. 230-231). Während eines Gruppenausfluges beginnt die Klientin beim Anschließen ihres Fahrrades *„total rumzuschreien und ... hat dann gesagt: ‚Ja, warum hilft mir denn jetzt hier keiner?', und total schlechte Laune zu verbreiten"* (Z. 234-236). Das Verhalten der Klientin hat Frau Becker *„total wütend gemacht, richtig doll wütend"* (Z. 236-237) und sie *„war über-haupt nicht selber in der Lage zu gucken, was denn überhaupt der Auslöser war"* (Z. 238-239). Frau Becker sucht in der Folge das Gespräch mit einer Kollegin, in dem *„beide zusammen sozusagen diese Situation auseinanderge-nommen"* (Z. 245-246) haben. Dabei kommt sie darauf, dass sie das Verhalten der Klientin an eigene Kindheitserfahrungen erinnert. Sie kommt außerdem zu der Erkenntnis, dass die Klientin in der Situation *„hilflos war"* (Z. 252) und daher *„rumgeschrien hat"* (Z. 250-251). Dies führte dazu, dass *„zwei Leute, die gerade ziemlich außer sich waren, aufeinandergeprallt"* (Z. 254-255) sind. Frau Becker erinnert sich: *„Also an diesem Abend ... ist mir das alles wie Schuppen von den Augen gefallen, was mich da irgendwie so massiv in Aufruhr bringt"* (Z. 257-259). In der Folge hat sie sich die Klientin *„ganz anders an-geguckt"* (Z. 260) und *„ihre Bezugsbetreuung übernommen"* (Z. 261-262). *„Also, das... ging dann total gut. Aber ... bis dahin hatte das ja auch schon* *etliche Wochen gedauert, wo ich gedacht habe: ,Oh Gott, warum ist die hier eingezogen?'"* (Z. 262-264).

Strukturelle Rahmenbedingungen: Frau Becker bewertet das Setting der Wohngemeinschaft als *„völlig unnormal"* (Z. 106): *„Wir sitzen ja hier sozusagen mitten im Leben der Leute ... und man sieht hier ... mehr vom Leben der Leute und von den Eigenheiten ... als das normal ist und oft auch, als sie eigentlich zeigen wollen würden"* (Z. 95-102). *„Dass das sozusagen einem bewusst ist und man mit so einer großen Vorsicht und ... großen Toleranz und Akzeptanz ... sich hier bewegt"* (Z. 102-104), ist ihrer Einschätzung nach daher *„umso wichtiger"* (Z. 102). Das Setting des Betreuten Einzelwohnens hält Frau Becker für *„förderlicher"* (Z. 285), da es *„die Möglichkeit, diese Distanz ... für beide Seiten offenhält"* (Z. 281).

Nach Einschätzung von Frau Becker ist es *„absolut hinderlich"* (Z. 294), wenn den Fachkräften *„von der Institution ... Aufgabe[n; Erg. d. Verf.] ... übergeholfen werden, ... die eigentlich konträr sind zu der Funktion, die wir hier hauptsächlich haben"* (Z. 287-291) und sie nicht die Interessen der KlientInnen, sondern die der Institution als Vermieter vertreten soll.

Neben der Bedeutung des Teams zur Reflexion des eigenen professionellen Handelns ist es im Falle von *„heftige[n; Erg. d. Verf.] Krisen"* (Z. 515) nach Einschätzung von Frau Becker förderlich, wenn das Team *„den Kollegen soweit entlastet, dass der sich dann halt um diese Situation gut kümmern kann"* (Z. 516-517).

3.2.3 Interview mit Carla Clemens

Die zum Zeitpunkt des Interviews 44-jährige Carla Clemens hat eine Ausbildung als Erzieherin absolviert. Mit kürzeren Unterbrechungen ist sie seit 1989 beim jetzigen Träger in verschiedenen Wohngemeinschaften tätig, wobei sie bis 1999 Vertretungsmitarbeiterin war und seit 1999 eine feste Anstellung hat. Während der kürzeren Unterbrechungen ihrer Tätigkeit beim jetzigen Träger war sie einer Notunterkunft für Mädchen aus dem islamischen Kulturkreis, in einer Kindertagesstätte, in einer Heimgruppe für erwachsene Frauen mit Beeinträchtigungen und dem Internat eines Berufsbildungswerkes tätig.

3.2.3.1 Bedeutung und Auswirkung von bindungsorientierter Praxis

Für Frau Clemens stellt *„Beziehungsarbeit"* (Z. 18) die Grundlage ihrer Tätigkeit dar. Als *„Quintessenz"* (Z. 205) ihres Handelns sieht Frau Clemens *„diesen Feuser ..., der sagt: ‚Der Mensch wird zu dem Ich ..., dessen Du wir ihm sind'"* (Z. 200-202). Diese Aussage versteht sie als Ergänzung zu der *„Aussage von Buber aus den sechziger Jahren: ‚Der Mensch wird am Du zum Ich'"* (Z. 197-198) und ist *„ein klarer Verweis auf die Beziehungsebene"* (Z. 203).

Nach Erfahrung von Frau Clemens suchen sich KlientInnen *„für bestimmte Bereiche eher diese oder jene Kollegin als Ansprechpartnerin"* (Z. 512) und es *„muss auch schon gut beantwortet sein ... vom Team ..., so dass es nicht per se besonders erheblich ist oder dass jemand irgendwie massiv in eine Schwierigkeit gerät, wenn die Hauptansprechperson ein paar Wochen nicht da ist"* (. 515-518). Ihrer Erfahrung nach sind Abwesenheiten von MitarbeiterInnen den KlientInnen *„schon präsent"* (Z. 535) und werden von diesen *„thematisiert"* (Z. 534), sind aber *„nicht existenziell"* (Z. 535-536). Frau Clemens hält es für wichtig, einer Unersetzbarkeit im Sinne einer Abhängigkeit von Anwesenheit von Bezugspersonen entgegenzuwirken.

Auswirkungen der helfenden Beziehung auf die persönliche Beziehungsgestaltung der Klientinnen und Klienten mit ihrem sozialen Umfeld bringt Frau Clemens mit der gemeinsam gestalteten *„Atmosphäre"* (Z. 599) in der Wohngemeinschaft in Zusammenhang. Die zeichnet sich dadurch aus, dass alle etwas von ihr *„in unser persönliches Leben"* (Z. 603) mitnehmen. Diesen *„Eindruck"* (Z. 626) kann sie aber *„nicht konkret differenzieren und ... anhand eines Beispiels beschreiben"* (Z. 625-626). In Bezug auf eine Klientin sieht Frau Clemens als Auswirkung der helfenden Beziehung, dass die Tante der Klientin ein Bewusstsein dafür entwickelt hat, *„dass auch von Relevanz ist, was die Frau [die Klientin; Erg. d. Verf.] selber möchte"* (Z. 656-657).

3.2.3.2 Bindungsorientierte Praxis

Bindungssensible Grundhaltung/Bindungsaufbau: Im Rahmen der helfenden Beziehung ist Frau Clemens *„Verlässlichkeit sehr wichtig"* (Z. 20-21). Frau Clemens ist *„großer Fan von den drei Variablen von Rogers, Akzeptanz, Empathie und Kongruenz"* (Z. 190-191). Diese erachtet sie als grundlegend *„und daran orientiere ich mich auch immer wieder"* (Z. 193-194).

Da es sich bei der Wohngemeinschaft um *„privates Leben"* (Z. 175) handelt, das die Fachkräfte *„von außen"* (Z. 176) betreten, hält es Frau Clemens für erforderlich, dass sie den KlientInnen *„sympathisch ... beziehungsweise ... zugewandt"* (Z. 179-181) sind. Ansonsten kann es dazu kommen, dass sich die KlientInnen *„unbewusst oder sogar bewusst"* (Z. 181) gegen die Fachkräfte *„verwehre[n; Erg. d. Verf.]"* (Z. 182). *„Natürlich, ist ja mein gutes Recht, sozusagen in meinem Zuhause so leben zu wollen, wie ich möchte und genau dasselbe Recht hat hier Person X, Person Y, Person Z. Nur weil wir Teil der Institution sind, dürfen wir doch nicht vergessen, dass die genau dieselben Rechte haben wie wir auch ... Und deswegen ist es eminent wichtig, dass wir genau solche Dinge immer parat haben und uns befähigen, genau auf der Ebene auch sozusagen was Gutes anzubieten"* (Z. 182-188).

Feinfühligkeit: *„Als große Lernerfahrung vor ein paar Jahren"* (Z. 163-164) stuft sie die *„Kuchenerfahrung"* (Z. 390) ein, die sie mit einer Klientin machte. Diese führte dazu, dass sie sich *„dann auch besser einlassen konnte"* (Z. 132). Bei der Umsetzung des von der Klientin zuvor an Frau Clemens herangetragenen Wunsches, gemeinsam einen Kuchen zu backen, ist Frau Clemens anfangs *„die ganze Zeit dabei, ihr die Verantwortung für den Prozess zu geben, dass am Ende das Produkt Kuchen dabei rauskommt"* (Z. 139-140), während die Klientin *„von ihrem letzten Zooaufenthalt"* (Z. 140-141) und *„von ihrer Tante"* (Z. 146) erzählt. Frau Clemens erinnert sich: *„Und ich verkrampfe immer mehr und einen Moment steht sie vor mir mit dem Teiglöffel oder irgendwie so und wir fangen an, diesen Teig zu naschen und ich lasse mich ein auf ihre Zoogeschichte und merke, wie ich plötzlich loslassen kann, weil ich, nur ich, war immer an diesem Produkt orientiert, während sie offensichtlich an unserer beider gemeinsamen Dasein interessiert war ... Plötzlich ist mein Herz aufgegangen und ich war nicht mehr im Kopf und wollte immer diesen Prozess und dann haben wir uns gut verstanden und hatten viel Spaß zusammen .... In dem Fall ging es ... nicht um den Inhalt"* (Z.146-161).

Sie schildert in diesem Zusammenhang auch den Einzug des Klienten, der als letztes in die Wohngemeinschaft eingezogen ist und *„schon Anfang fünfzig oder Ende vierzig"* (Z. 218) war. Da sie den Klienten als *„enorm zurückgezogen"* (Z. 233) und seine Schwägerin als übergriffig erlebte, nahm sich Frau Clemens Zeit, um zu klären: *„Wie ist es möglich, ihn nicht zu beeinflussen ..., ohne ihn hängen zu lassen ...?"* (Z. 236-237). In einem Prozess lernte Frau Clemens, die Bedürfnisse des Klienten wahrzunehmen und richtig zu interpretieren sowie angemessen auf sie zu reagieren.

Korrigierende Erfahrungen: In Bezug auf eine Klientin schildert Frau Clemens ihre Erfahrung, dass von dieser angeregte gemeinsame Aktivitäten dazu dienen, die Erfahrung von Nähe und Sicherheit zu machen. Frau Clemens schildert, dass diese Klientin mit einer *„Umarmung bis hin zum Schmatz auf die Wange"* (Z. 386-387) immer wieder *„Körperkontakt"* (Z. 386) mit Frau Clemens suchte oder *„irritierende Aussagen"* (Z. 387-388) machte, von denen sie sich *„immer angesprochen sah auf so einer schon sehr engen Ebene"* (Z. 388-389). Frau Clemens führt dieses Verhalten auf frühere Bindungserfahrungen der Klientin, die von Verlust- und Trennungserlebnissen geprägt waren, zurück.

Auch bei dem Klienten Dieter sieht Frau Clemens einen Zusammenhang zwischen früheren Bindungserfahrungen und Alternativerfahrungen im Rahmen der helfenden Beziehung. Frau Clemens beschreibt diesen Klienten als *„sehr zurückhaltend"* (Z. 397) und einen Menschen, *„der in dem bisherigen Werdegang in seiner Familie, bis er fast fünfzig war, quasi als eigene Person verschwunden ist hinter all dem, was verschwunden sein mag"* (Z. 434-436) und *„über die bestimmt wurde"* (Z. 453-454). In der Folge war der Klient *„völlig zurückgezogen"* (Z. 448), so dass die Vermittlung der alternativen Erfahrung von Akzeptanz *„auf dieser Ebene, wo es um Person sein oder Wesen sein geht"* (Z. 456) im Fokus der helfenden Beziehung stand. Dies versuchten Frau Clemens und ihr Team umzusetzen, *„indem wir sozusagen lange Zeit ein besonderes Augenmerk darauf gelegt haben, dass wir ihn nicht fremdbestimmen"* (Z. 469-470).

Frau Clemens hält es für bedeutend, dass KlientInnen in der helfenden Beziehung auch bei Meinungsverschiedenheiten die Erfahrung machen: *„Ich bin mir sicher, Carla ist bei mir"* (Z. 281). Die „Gefahr …, dass er oder sie sein Verhalten ändert, … weil ich eine andere Meinung habe" (Z. 266-267), versucht sie dadurch auszuschließen und sieht als Methoden dafür *„klare Kommunikation, Verlässlichkeit"* (Z. 285) und Ansprechbarkeit an.

Sichere Basis und sicherer Hafen: Die Erfahrungen, die der Klient Dieter im Lebensumfeld der Wohngemeinschaft macht, führen dazu, *„dass es nach ein, zwei bis drei Jahren so war, dass er mehr und mehr Raum für sich eingenommen hat und eigene Entscheidungen getroffen hat"* (Z. 475-477). Frau Clemens verdeutlicht dies am Beispiel: *„Im letzten Sommer und vorletzten Sommer haben die angefangen, Klaus [ein Kollege; Erg. d. Verf.] und er, ab und zu mal mit dem Rad zu fahren ... Und dann ... war Klaus [ein Kollege; Erg. d.*

*Verf.] im Urlaub und er kam ins Büro und sagt ..., er hätte mal wieder Lust ...,
aber Klaus [ein Kollege; Erg. d. Verf.] ist ja nicht da ... Dann sage ich: ‚Wieso,
kannst du doch selber entscheiden. Ne, Klaus [ein Kollege; Erg. d. Verf.] hatte
mir neulich auch erzählt, das mit dem an der Ampel anfahren ... hast du doch
super drauf und so, ihr habt das ja mal gemeinsam gemacht und so. Also, ich
glaube, kannst du ganz selber entscheiden‘, und als erstes sagt er: ‚Kann ich
selber entscheiden?‘ Das war wie so ein Aha-Effekt für ihn: ‚Ach, das kann ich
selber entscheiden?‘ Drei Tage später komme ich in den Dienst, er erzählt mir:
‚Ah, ich war übrigens gestern Fahrrad fahren‘, und ich: ‚Super Dieter!‘ ...
Und so hat sich das entwickelt für ihn, dass er mehr und mehr jetzt weiß: ‚Es
ist mein Leben und ich entscheide. Nicht meine Schwester, nicht meine Mutter
... und nicht meine Schwägerin und so. Und wo ich nicht entscheiden will oder
kann, frage ich mal Klaus [ein Kollege; Erg. d. Verf.] oder frage ich mal
Carla‘“ (Z. 484-500).*

Dass die helfende Beziehung für KlientInnen Sicherheit im Umgang mit deren
sozialen Umfeld darstellen kann, schildert Frau Clemens am Beispiel der Beziehung einer Klientin mit ihrer Mutter. Die Treffen von beiden begleitet Frau
Clemens. Frau Clemens ist der Einschätzung, *„dass die eine davon profitiert,
beziehungsweise jetzt mag sie gar nicht sich alleine mit ihrer Mutter treffen
und auch die Mutter davon profitiert ..., wie wir hier gemeinsam interagieren
auf der Beziehungsebene. Da bin ich der festen Überzeugung“* (Z. 647-650).
In diesem Zusammenhang schildert Frau Clemens auch ihre Erfahrung mit einer anderen Klientin, die die helfende Beziehung zur *„Vorbereitung oder
Nachbereitung“* (Z. 590) in der *„Kontaktgestaltung zur Tante“* (Z. 586) nutzt.

Ende der Hilfe: *„Wenn es zu einer Beendigung kommt“* (Z. 546), ist nach
Einschätzung von Frau Clemens eine Abschiedsphase als *„so ein Prozess, den
man gestaltet“* (Z. 549-550) wichtig. *„Eine klare Kommunikation“* (Z. 547)
mit den KlientInnen über im Raume stehende Veränderungen stellt dessen Be-
ginn dar und dieser geht *„bis hin zu [der; Erg. d. Verf.] Begleitung in die neue
Wohnsituation, mit dann nochmal der Möglichkeit, sich gegenseitig zu besuchen. Das ist dann am Anfang noch mal intensiver und dann lässt das nach
und läuft aus“* (Z. 552-555). Die Möglichkeit, sich nach dem Ende von *„Kos-
tenübernahmen“* (Z. 565-566) zu kontaktieren, hält Frau Clemens für *„ganz
normal“* (Z. 570): *„Das macht ja auch Beziehung aus sozusagen, die hört ja
nicht von heute auf morgen auf ... selbst wenn es eine professionelle ja ist“*
(Z.563-565).

3.2.3.3 Einflussfaktoren und Voraussetzungen

Rolle der eigenen Person der Fachkraft: Nach Einschätzung von Frau Clemens ist der Aspekt der Sympathie in der helfenden Beziehung von Bedeutung: *„Es geht also immer um die Gestaltung von Beziehung und ... wenn ich was gegen jemanden habe, dann kann ich den nicht gut begleiten ..., weil ich sie anders adressieren werde, als jemanden, den ich gut leiden kann oder so. Das heißt, meine erste Aufgabe wird sein, mich zu befähigen, zu sehen, was mich stört und wie ich das ändern kann, dass mich das stört"* (Z. 100-107).

Als Voraussetzung erachtet Frau Clemens *„mir meiner Selbst auch klar zu sein, was so meine Motivationen sind, wo ich hin will mit dem, was ich hier tue, rede, gestalte"* (Z. 29-30). Sie konkretisiert dies anhand eines Fallbeispiels: *„Es könnte jetzt sein, dass zum Beispiel ... ich selbst sehr sparsam lebe, weil ich immer das so gelernt habe und dann Wert darauf lege, dass man sein Geld zusammenhält ... und sich das völlig unbewusst auf meine Art und Weise überträgt, wie ich hier zum Beispiel die Klientin begleite, die in der Regel ihr Geld mit einem Mal vom Konto abholt und dann auch gerne am selben Tag ausgibt, ne? Da gehe ich ja sozusagen mit all meinen Vorempfindungen und Vorerfahrungen rein mit ihr und muss dann mir gewahr sein, wie ich mich so verhalte, dass es angemessen für sie ist und nicht, dass meine Bedürfnisse ... befriedigt werden ... Das kann immer passieren in unserer Tätigkeit, aber ich muss halt sozusagen mir dessen gewahr sein und dann auch wieder davon Abstand nehmen können"* (Z.53-65).

Darüber hinaus hält es Frau Clemens für wichtig, sich mit den eigenen *„Assoziationen"* (Z. 365) im Umgang mit KlientInnen auseinandersetzen, *„um dann zu gucken: ‚Aha, und wie stelle ich mich auf oder wie bin schon aufgestellt in Bezug auf die betreffende Person?'"* (Z. 369-371).

Strukturelle Rahmenbedingungen: Frau Clemens erachtet durch die Gesellschaft, den Kostenträger oder die Angehörigen heran getragene Wertevorstellung bezüglich der Zielsetzungen von Unterstützungsprozessen als hinderlich. Sie kritisiert außerdem, dass *„oft ... im institutionalisierten Wohnen"* (Z. 165) ein Interesse besteht *„an den Prozessen, aber sozusagen nicht an der Substanz ..., wo es um die Beziehungsebene vor allen Dingen geht"* (Z. 166-171).

„*Große Schwierigkeiten*" (Z. 297) entstehen „*durch die Art und Weise wie die Eingliederungshilfe gestaltet ist, nämlich dass es eigentlich ein individualrechtlicher Anspruch an den Staat ja ist, dass aber sozusagen die ... Rechte, die der Geldgeber hat gegenüber dem Leistungsempfänger, quasi an die Institution abgegeben werden, beziehungsweise stellvertretend von der Institution eingefordert werden*" (Z. 297-302). Frau Clemens verdeutlicht dies folgendermaßen: „*Die neue Rahmenkonzeption ..., jegliche Fachdiskussion oder auch ... das Berichtswesen, das Dokumentationssystem, was sehr darauf aus ist, ... den Kostenträger zufriedenzustellen mit der Hilfebedarfsermittlung und -erhebung nach Metzler, zum Beispiel was uns ja in so einer offenen Beziehungsgestaltung massiv einschränkt*" (Z. 303-309).

Frau Clemens ist der Einschätzung, „*dass die Hilfebedarfserhebung und dieser ganze organisatorische und verwalterische Strang, den der Kostenträger gerne irgendwie für sich haben kann, was ein Ordnungsschema darstellt auch und so weiter, für das Leben der betreffenden Person absolut unerheblich und irrelevant ist*" (Z. 345-349). Diese „*Benachteiligungen, Einschränkungen, Manipulationen, die aufgrund dessen auf die Klientinnen und Klienten einwirken, zu filtern, beziehungsweise so weit wie möglich von ihnen fernzuhalten*" (Z. 312-315), sieht Frau Clemens als „*ein weiteres Hauptfeld*" (Z. 312) ihrer Arbeit, „*damit sie [die KlientInnen; Erg. d. Verf.] ihr Leben so leben können, wie sie ihr Leben leben wollen*" (Z. 315). Sie resümiert: „*[Ich; Erg. d. Verf.] muss aber ... natürlich ... das System bedienen und gleichzeitig das nicht eins zu eins weitergeben, weil ich das für diskriminierend halte*" (Z. 323-325).

3.2.4 Interview mit Antonia Albrecht

Die zum Zeitpunkt des Interviews 32-jährige Antonia Albrecht hat ein Magisterstudium in Theaterwissenschaften mit dem Nebenfach Psychologie abgeschlossen. Im Anschluss hat sie eine Ausbildung zur Heilpraktikerin für Psychotherapie absolviert und befindet sich zurzeit in der Ausbildung zur systemischen Kinder- und Jugendtherapeutin. Für den jetzigen Träger ist sie seit fünf Jahren tätig, anfangs als Vertretungsmitarbeiterin im Betreuten Einzelwohnen und mittlerweile zusätzlich als feste Mitarbeiterin in einem aus mehreren Wohngemeinschaften bestehenden Wohnverbund. Vor ihrer Tätigkeit beim jetzigen Träger hat sie ein Jahr berufliche Erfahrungen in der Betreuung von Menschen mit Demenz gesammelt und war als freiberufliche Dozentin in der Erwachsenenbildung tätig.

3.2.4.1 Bedeutung und Auswirkung von bindungsorientierter Praxis

Frau Albrecht schätzt ein, dass *„aufgrund von einer neuen Bindungserfahrung"* (Z. 91-92) in der helfenden Beziehung bei KlientInnen eine *„Vertrauensgrundlage"* (Z. 90-91) entsteht. Entwicklungsprozesse sind ihrer Einschätzung nach *„immer"* (Z. 87) auf eine sichere Bindung zurückzuführen. *„Diese sichere, bedingungslose Begleitung, die man als Eltern geben muss, damit sich ein Kind gut entwickelt und die man einem Klienten vermitteln muss"* (Z. 470-472), ist ihrer Einschätzung zufolge bedeutend, *„damit er [der Klient; Erg. d. Verf.] überhaupt die Möglichkeit hat, sein Leben zu leben und ... eine sichere Bindung erfahren und eine sichere Bindung leben können, heißt ja immer, ja, sicher, selbstsicher zu sein. Nicht abhängig von der Reaktion anderer"* (Z. 472-474).

Die Bedeutung der helfenden Beziehung zeigt sich nach Erfahrung von Frau Albrecht darin, dass *„in der Tiefe und in der Qualität"* (Z. 386-387) einer spezifischen helfenden Beziehung eine Austauschbarkeit der Fachkraft kaum möglich ist.

3.2.4.2 Bindungsorientierte Praxis

Bindungssensible Grundhaltung/Bindungsaufbau: Frau Albrecht ist der Einschätzung, dass *„gerade wenn es um Bindung geht"* (Z. 242) das Interesse für die andere Person und ihre Akzeptanz bedeutend sind. *„Und sich auf seinen Zustand jetzt auch wirklich einzustellen"* (Z. 243-244).

Über *„die verschiedenen Bindungstypen, die ja nicht alle einen Krankheitswert haben ... und vor allen Dingen, wie das sich auf unsere Arbeit auswirkt"* (Z. 22-24), hat Frau Albrecht *„total viel darüber nachgedacht"* (Z. 21).

Bezogen auf Ihre bisherigen Erfahrungen in der Zusammenarbeit mit KlientInnen schildert Frau Albrecht, dass ihr von diesen *„eigentlich der Anfang immer relativ leicht gemacht worden ist. Also, ich wurde halt mitgenommen in deren Welt und in deren Struktur und meiner Aufgaben ziemlich klar gemacht so, was jetzt die Anforderungen an mich sind"* (Z. 269-272). Damit die helfende Beziehung jedoch zur Bindungsbeziehung wird, *„braucht das halt total viel Vorlauf. Das passiert ja nicht von heute auf morgen. Also man denkt irgendwie, man ist in so einer Wohnung und erfährt so einen gewissen Einblick und dann darf man auch mal in den Schrank ... mit putzen ... Man sieht welche*

Lebensmittel die sich kaufen ... Aber diese Themen, ich glaube das ist ... so vordergründig und das bedient diesen Kontakt" (Z. 325-330). Als Voraussetzung dafür, dass eine Klientin bzw. ein Klient sie *„tatsächlich rein lässt"* (Z. 97) und sie *„tatsächlich da um Hilfe gebeten wird und zwar abweichend von dem Alltäglichen"* (Z. 102) erachtet Frau Albrecht auf Seiten der Klientin bzw. des Klientin ein *„Vertrauen, dass man nicht bewertet wird"* (Z. 105). Sie begründet dies *„bindungstheoretisch"* (Z. 334) damit, dass Vertrauen in die Person, bei der der Schutz gesucht wird, bedeutend ist, weil diese einen *„ja ziemlich gefährden"* (Z. 338) kann.

Feinfühligkeit: Bezugnehmend auf ein Fallbeispiel aus ihrem Erfahrungsschatz schildert Frau Albrecht, dass sie in der rückblickenden Fallreflexion die Erkenntnis erlangt hat, dass *„so ein ambivalenter Bindungstyp einfach auch was ganz Besonderes in der Betreuung braucht"* (Z. 51-52). Dieses *„Angebot eines pathologischen Bindungsmusters"* (Z. 61-62) erfordert es, eine *„ganz besondere Transparenz an den Tag zu legen, weil da eben dann so ein Kontrollbedürfnis auch herrscht in diesem Betreuungs- und Hilfekontext"* (Z. 54-56).

Frau Albrecht hat in Unterstützungsprozessen *„eigentlich jedes Mal erlebt, dass so nach ein, zwei Jahren so eine Zeit ist, in der man so ein bisschen stagniert, in der man eigentlich auch ein paar Themen gesammelt hat, die man mal angehen könnte ... Wo man dann nochmal abgleichen muss, wie ist eigentlich mein Anspruch und ... hat der Klient die gleichen Bedürfnisse ... Da gibt es dann häufig einen Qualitätssprung. Also wenn ich das dann schaffe zu sagen: ,Ich könnte mir das und das vorstellen, aber wenn du das nicht willst, dann nehme ich dich da auch ernst'"* (Z. 272-283). Als Voraussetzung dafür sieht sie *„gut beim Klienten"* (Z. 289-290) zu sein und als Folge des Qualitätssprungs vertieftes Vertrauen der KlientInnen in die helfende Beziehung.

Korrigierende Erfahrungen: Bezugnehmend auf ein Fallbeispiel aus ihrem Erfahrungsschatz schätzt Frau Albrecht ein, dass diese Klientin in der helfenden Beziehung *„die gleiche Bindungserfahrung gemacht hat"* (Z. 66-67) und Frau Albrecht *„ihr eigentlich keine korrigierende Erfahrung ermöglicht"* (Z. 67-68) hat. *„Nämlich: ,Ich bleibe hier, ich bin keine Beziehung, die nur davon lebt, dass du funktionierst und gut bist und ich bin auch keine Beziehung, keine Bindungsbeziehung, die dir wieder die Erfahrung gibt, dass du verlassen wirst"* (Z. 68-70).

Frau Albrecht ist der Einschätzung, dass der von ihr beschriebene und aus ihrer Interaktionsgestaltung resultierende *„Qualitätssprung"* (Z. 290) für KlientInnen eine Alternativerfahrung bedeutet: *„Ok, unsere Beziehung ist jetzt nicht davon abhängig, dass ich das wirklich umsetze und wirklich Lesen und Schreiben lerne, auch wenn ich das seit eineinhalb Jahren sozusagen dir als Auftrag für mich mitgebe"* (Z. 291-293). Frau Albrecht beschreibt, dass in einigen Fällen KlientInnen erst nach dieser Erfahrung die ihnen persönlich relevanten Themen ansprechen. *„Wenn man das sozusagen ausgehalten hat, dass es darum gar nicht ging. Dass man jetzt eineinhalb Jahre lang Volkshochschulkurse besucht hat oder ... irgendwelche Möglichkeiten versucht hat zu eröffnen. Und dieses gemeinsam Aushalten, dieses gemeinsame, ja, eben Scheitern ... als genau so eine Selbstwirksamkeitserfahrung und Möglichkeit nimmt und sagt: ‚Naja und? Ich bin trotzdem noch da'"* (Z. 295-301).

Frau Albrecht charakterisiert Bärbel als Klientin, die versuchte zwischenmenschlichen Konflikten auszuweichen, indem sie einen Beziehungsabbruch oder Rückzug der Auseinandersetzung vorzog: *„Die hatte immer schnell mal, wollte sie die Werkstatt wechseln, weil sie Knatsch hatte mit einer Kollegin, ständig hat sie gedroht, den Betreuer zu wechseln, ... auch bei mir"* (Z. 514-516). Frau Albrecht arbeitete mit der Klientin in der Folge *„so ein bisschen Richtung Konfliktmanagement und Emotionsregulation"* (Z. 512-513) und ermutigte sie: *„Setze dich auseinander, sage was dir nicht passt, sprich mit den Leuten und lege das offen"* (Z. 517-518). Die von Frau Albrecht *„nach so zwei, drei Jahren"* (Z.519) wahrgenommene Verhaltensänderung der Klientin bringt Frau Albrecht mit der alternativen Interaktionserfahrung der Klientin in der helfenden Beziehung in Zusammenhang. Die von der Klientin erfahrene Offenheit und die Erfahrung, ernstgenommen zu werden führten dazu, *„dass ich von dem Punkt aus auch sagen konnte: ‚Habe doch mal Vertrauen, dass andere das auch so erleben'"* (Z. 523-524).

Sichere Basis und sicherer Hafen: Die persönlich relevanten Themen, die im Rahmen der helfenden Beziehung aus bearbeitet werden, verdeutlicht Frau Albrecht anhand von Fallbeispielen aus ihrem Erfahrungsschatz. So hatte die Klientin Bärbel *„eigentlich überhaupt keinen Kontakt zu irgendeinem Familienmitglied"* (Z. 306-307) und wollte mit Frau Albrecht *„dann nach über zwei Jahren ... wirklich mal ihre Familie suchen"* (Z. 304-305). Im Falle der Klientin Christiane erinnert sich Frau Albrecht: *„Nachdem man zusammen ... durch diese schwierige Knirschphase gegangen ist, dann kam auf einmal das Thema: ‚Ich habe total Angst, dass mein Freund mich verlässt ... Was kann*

ich denn tun? ...' Und da ging es bei ihr um ziemlich harte Sachen, wie zum
Beispiel eine ausgeprägte ... Agoraphobie ... und ihr Freund hat nach vier
Jahren gesagt: ,Ja, weißt du, wenn du mit mir nie einen Ausflug machst, dann
suche ich mir eine andere.' Und das mit den Betreuern zu besprechen, die ihr
ja eigentlich ihre Autonomie in Frage stellen ... Also da wird dann wirklich
echte Hilfe auch einmal abgerufen ... Und nicht nur: ,Die Betreuer kommen,
weil ich angeblich nicht alleine einkaufen kann, oder ... wenn denen langweilig
ist, damit wir mal zusammen putzen'" (Z. 312-323).

Bezüglich der Klientin Adriane, mit der Frau Albrecht „*am längsten und in-*
tensivsten" (Z. 125) zusammenarbeitet, hat sie die Erfahrung gemacht, dass
grundsätzlich „*da einfach auch eine größere Offenheit*" (Z. 129-130) von Seiten der Klientin besteht, Probleme zu thematisieren. Die Qualität dieser Offenheit konstituiert sich nach Einschätzung von Frau Albrecht allerdings in Abhängigkeit von situativen Faktoren der jeweils konkreten Interaktion zwischen
Frau Albrecht und der Klientin. So schätzt Frau Albrecht ein, dass zwar grundsätzlich „*eine Beziehungsqualität da sein kann, aber auch gerade aktuell*
durch irgendwas gestört" (Z. 137-138) sein kann. „*Ich glaube, dass das in*
dem Moment ganz konkret abgetastet wird, durch ein bisschen Smalltalk viel-
leicht so: ,Weißt du was mir passiert ist? Ich kann dir eine positive und eine
negative Sache nennen' und dann sage ich: ,Ok, sage mir mal erst die negative,
oder die positive.' ... und dann, wenn die Situation das ergibt, dass ich Zeit
habe, dass ich vielleicht belastbar bin für dieses Thema und dass ich zuge-
wandt bin, dann merke ich, dass dann Themen kommen, die vor zwei Jahren
so nicht auf den Tisch gepackt worden wären" (Z. 133-142). Im Laufe der Zeit
hat sich so ein „*Kommunikationsmuster*" (Z. 175) zwischen Frau Albrecht und
der Klientin entwickelt, das der die Klientin die Sicherheit gibt: „*Ok, ...wenn*
ich diese Ankündigung mache, werde ich eingeladen zu erzählen und wenn ich
sage, ich habe fünf Sachen zu erzählen, dann bekomme ich den Raum, um fünf
Sachen zu erzählen" (Z. 183-185). Als Voraussetzung dafür erachtet Frau Albrecht „*die volle Aufmerksamkeit und die totale Präsenz*" (Z. 197-198), weil
ansonsten „*diese Basis nicht geschaffen ist*" (Z. 204), dass die Klientin sich
ihr gegenüber öffnet.

Am Beispiel einer Klientin, die „*immer mal wieder Krisen*" (Z. 400) hat und
bei der „*Medikamenten-Missbrauch*" (Z. 403) ein Thema ist, verdeutlicht Frau
Albrecht, dass die Entstehung von Sicherheit für diese Klientin im Rahmen der
helfenden Beziehung „*nur darüber geht, dass ich ihr immer das Gefühl gebe,*
dass ich keine Bewertung vornehme so. Dass das Wichtigste ist, dass ich da

bin und dass ich immer wieder kommen werde, unabhängig davon, wie ich sie erlebe" (Z. 405-407) *"Und dann ... will sie immer total unbedingt wissen, ... ob ich auch denke, dass sie verrückt ist ... Und dann weiß ich, das Einzige, was ich tun kann, ist zu sagen, dass ich das nicht bewerte, dass sie ihre Gründe haben wird ... jetzt so mit ihrem Leben umzugehen ... und dass ich ihr diesen guten Grund nicht abspreche ... Und das beruhigt sie dann ... Und da merke ich dann, muss man wirklich so ganz, ganz niedrigschwellig zugewandt sein"* (Z. 417-428).

Frau Albrecht beschreibt, wie KlientInnen gemeinsam mit ihr explorieren. So gehen die KlientInnen *"in eine neue Situation und was ist denn noch unberechenbarer, als eine neue Gruppe oder einen neuen Menschen kennenzulernen und das macht man halt gemeinsam. Man wagt sich gemeinsam vor"* (536-538). Die Begleitung durch Frau Albrecht bietet dabei Sicherheit, *"falls man jetzt nicht so spontan und so gekonnt und so versiert reagiert ... Und, also ich glaube gerade die Begleitung irgendwohin ist wahrscheinlich eine der häufigst abgefragten Betreuungsinhalte"* (Z. 540-542).

Frau Albrecht schildert, dass die helfende Beziehung eine sichere Basis für die Beziehungsgestaltung von KlientInnen mit deren sozialem Umfeld darstellt: *"Also, was ich Klienten immer ganz gerne mitgebe, gerade in Bezug auf die gesetzliche Betreuung, aber auch in Bezug auf Kollegen oder irgendwelche anderen Konflikte ist, dass sie immer gucken müssen, ob sie jetzt einfach nur bei dem anderen Frust ablassen wollen ... oder ob man wirklich was will und dass es dann wichtig ist ... eine andere Sprache zu sprechen ... Also es geht ja auch um eine Emotionsregulation oder Konfliktgespräch, ne? Möchte ich jemanden anmotzen oder will ich einen Konflikt klären?* (Z.558-568). Dass die im Rahmen der helfenden Beziehung erfahrene Sicherheit die Sicherheit von KlientInnen im Umgang mit deren sozialen Umfeld steigern kann, verdeutlicht Frau Albrecht anhand der Kontaktgestaltung zwischen einer Klientin und ihrem gesetzlichen Betreuer. Anfänglich führte Frau Albrecht Telefonate mit dem gesetzlichen Betreuer wunschgemäß stellvertretend. Im nächsten Schritt erfolgten die stellvertretenden Telefonate im Beisein der Klientin, *"weil man ja vielleicht auch feststellt, dass jedes stellvertretende Telefonat auch nicht eins zu eins das dann ergibt, was man gehabt hätte, wenn man dabei gewesen wäre"* (Z. 592-594). *"Dann gab es diesen nächsten Prozessschritt, dass sie dann das Telefonat soweit führt, bis sie nicht mehr weiter weiß und dann das Telefon übergibt und man das Telefonat weiter führt"* (Z. 595-597). So wich die anfänglich stellvertretende schrittweise einer selbstständigen Kontaktgestaltung der Klientin mit ihrem gesetzlichen Betreuer.

Frau Albrecht schildert anhand eines Fallbeispiels, dass die helfende Beziehung für KlientInnen auch bei emotionalen Belastungen, die im Zusammenhang mit ihrem sozialen Umfeld stehen, wichtig ist. Als Frau Albrecht der Klientin Adriane und ihrer Mutter bei dem Aufbau eines Schrankes geholfen hat, führte der *„Kommunikationsstil"* (Z. 492) der Mutter gegenüber ihrer Tochter dazu, dass diese *„in dem Moment völlig verstört"* (Z. 496) war. So hat die Mutter *„total ambivalent gesendet und sie total überfordert und ich habe in dem Moment das erste Mal gedacht: ‚... So fühlt sich das dann an. So ein Double-bind irgendwie, ne?‘ Und ich kann jetzt genau verstehen, warum Adriane immer so zappelig ist ... und irgendwie so wenig Vertrauen in sich hat ... Die traut sich nicht mal zu, eine Kiste ... in den Treffpunkt zu tragen, weil sie von mir erst fünf Mal hören muss: ‚Ja, ich glaube, du schaffst das Adriane‘ ... Ich habe hinterher mit ihr darüber geredet, dass ich mir vorstellen kann, dass es gerade für sie sehr schwierig war. Ich hätte jetzt auch nicht gerade verstanden, was genau zu tun war. Das war so die Art, wie ich hinterher versucht habe, sie aus der Situation rauszuholen"* (Z.497-509).

Ende der Hilfe: Da sich nach Einschätzung von Frau Albrecht in der Qualität der Beendigung von Unterstützungsprozessen die Qualität der Beziehung ausdrückt, *„sollte man Abschied glaube ich auch ganz ernst nehmen. Trotzdem bin ich jemand, der gerne wirklich, wirklich Abschied nimmt"* (Z. 643-644). Sie ist daher *„eigentlich kein Betreuer, der dann sagt: ‚Du kannst mich jederzeit anrufen und ich bin immer noch für dich da‘"* (Z. 646-648), weil dies für sie *„nicht stimmig"* (Z. 648-649) ist. Sie erläutert: *„Dann würde ich mich kaputt machen, wenn ich überall den Kontakt aufrecht halte"* (Z. 649-650). Wichtig sind ihr bei der Beendigung von Unterstützungsprozessen eine Abschiedsphase und *„eine gute Übergabe. Aber ich glaube, so ein Vierteljahr später habe ich das Ding dann auch aus meinem Kopf raus. Also zumindest, wenn ich davon ausgehe, dass meine längsten Klientenkontakte jetzt drei Jahre waren ... und dann denke ich, ist so ein Vierteljahr vielleicht dem auch angemessen"* (Z. 650-654).

Da *„auch Zuständigkeiten klar sein müssen"* (Z. 663-664), gibt sie den Fall *„inhaltlich wirklich"* (Z. 666) ab. *„Persönlich interessiert"* (Z. 667) ist sie dennoch: So hat beispielsweise die Klientin Bärbel, die sie vor einem Jahr abgegeben hat, *„vor zwei Wochen einfach mal angerufen"* (Z. 676-677). *„Und

*das war total nett und ich hatte nicht das Gefühl, dass mir das jetzt nicht passt
und ich hatte auch nicht das Gefühl, dass es um irgendeine Not geht"* (Z. 682-
684). Ihr *„ganz persönliches Interesse"* (Z. 687) verdeutlicht Frau Albrecht
anhand eines zweiten Beispiels: *„Nächste Woche gehe ich auch einfach mal
... zum Geburtstag eines Klienten, weil ich da einfach Lust habe, den wieder-
zusehen ... Da ist auf jeden Fall Bindung aufgebaut und das ist auch irgendwie
schön"* (Z. 685-688).

3.2.4.3 Einflussfaktoren und Voraussetzungen

Rolle der eigenen Person der Fachkraft: Die Bedeutung der Rolle der eigenen Person der Fachkraft im Rahmen der helfenden Beziehung verdeutlicht
Frau Albrecht anhand eines Beispiels aus ihrem Erfahrungsschatz: *„Als ich
eine Klientin abgeben habe, nach einem Jahr Betreuung und gemerkt habe, ich
komme da irgendwie total an meine Grenzen ... ich musste die auch aus anderen Gründen abgeben, ich hatte ja da nur so einen Vertretungsstatus drinnen,
aber auch inhaltlich hat mich die Arbeit total beansprucht"* (Z. 26-29). In der
Interaktion mit der Klientin fühlte sich Frau Albrecht hilflos. *„Also das war
mir so deutlich, dass das nicht meins ist, was ich da erlebe. Dieses: ‚Du kannst
mir sowieso nicht helfen, du wirst mich sowieso verlassen, dann komme doch
einfach nächsten Freitag nicht wieder.' Und im schlimmsten Fall war es so,
dass ich gesagt habe: ‚Gut, dann sage das doch der Leitung, dass du mich
nicht haben willst, dann sind wir doch alle erlöst' ... Und dann habe ich irgendwie zehn Freitage ... versucht das irgendwie ... auszutarieren und am elf-
ten Freitag ist mir dann halt der Geduldsfaden geplatzt ... Und sobald ich raus
war aus dem Kontakt, fünf Minuten später habe ich gedacht: ‚Was war das
denn? Das war ja völlig unprofessionell, war ja ... völlig übertragen'"* (Z. 40-
48). Frau Albrecht resümiert: *„Also im Prinzip bin ich da auch gescheitert.
Weil in dem Moment, in dem ich erst die Nachbetrachtung für mich hatte, ist
mir erst klar geworden, was da eigentlich passiert ist und ich war trotzdem
froh, ... dass ich die nicht mehr betreut habe ... Man müsste sich das halt die
ganze Zeit schon bewusst machen, dass man da voll in so eine Falle tappt, ne?
... Der andere hat ... doch so eine .... Repräsentanz, also er hat eine Bindungserfahrung gemacht, die sich abgespeichert hat, neuronal, und damit geht er in
neue Kontakte rein und stabilisiert sich darüber, dass er immer die gleichen
Erfahrungen macht. Also es wirkt ja stabilisierend, auch wenn es nicht gerade
das ist, was jemand erleben möchte"* (Z.70-79).

73

Frau Albrecht schildert, dass sie *„mit manchen Themen im Laufe der Zeit einfach unterschiedlich"* (Z. 123-124) umgeht: *„Und dann merke ich auch anhand meiner Reaktionen, dass auch ich in die Situation viel mehr Vertrauen inzwischen lege"* (Z. 143-145).

Strukturelle Rahmenbedingungen: Bereits in ihrer Eingangserzählung spricht Frau Albrecht die Themen Supervision und Fortbildung an. So hat sie sich *„schon ziemlich auseinandergesetzt ... mit Bindungstheorien und zwar auf einer Fortbildung"* (Z. 18-19). Auf ein Fallbeispiel bezugnehmend hebt sie die Bedeutung von Supervision hervor. So ist sie *„in die Supervision gegangen, um zumindest den Kollegen noch mal zu sagen, wer da als nächstes rein geht ..., der kann sich vielleicht darüber auch ein bisschen reflektieren"* (Z. 59-61).

Den KlientInnen *„Organisatorisches weiterzugeben"* (Z. 248), bringt Frau Albrecht in einen Rollenkonflikt. *„Je mehr von diesem organisatorischem Kram auf meinen Schultern lastet, umso mehr bin ich halt auch befangen ... auf dieser anderen Ebene"* (Z. 245-247). Dies kann den Kontakt mit den KlientInnen belasten. So kann dies *„die komplette Aufmerksamkeits- und Konzentrationsspanne ... absorbieren"* (Z. 234-235), bevor geklärt ist, *„was heute eigentlich Thema bei den Klienten war"* (Z. 237).

Bezüglich der Art und Weise der Hilfeplanung ist Frau Albrecht der Ansicht, dass *„da, wo die richtige Hilfe erforderlich ist, ... die ist halt auch ganz schwer abzubilden überhaupt, bei unseren ganzen Items"* (Z. 330-331).

Als *„schwierig"* (Z. 360) schätzt Frau Albrecht ein, dass die *„Betreuungsbeziehung ... an sich überhaupt nicht reziprok ist"* (Z. 360-361). Den Aspekt von *„Geben und Nehmen"* (Z. 362) als *„ganz normales Prinzip ... im sozialen Miteinander"* (Z. 362) erfüllt die helfende Beziehung so nicht, weil von den KlientInnen *„überhaupt nicht zurückgegeben werden kann"* (Z. 361). Dadurch, dass die helfende Beziehung in das Dreiecksverhältnis von Leistungsempfangenden, Leistungserbringenden und Leistungstragenden eingebunden ist, beruht sie nach Einschätzung von Frau Albrecht nicht auf Gegenseitigkeit. KlientInnen bekommen so den Eindruck, dass Fachkräfte sie *„selbstlos"* (Z. 365) unterstützen. Geschenke von KlientInnen versteht Frau Albrecht vor diesem Hintergrund *„als Gegenprinzip"* (Z. 370) bzw. *„Bindungssymboliken"* (Z. 357).

Frau Albrechts Anstellungsverhältnis im BEW als Vertretungsmitarbeiterin bedingt, dass sie *„eigentlich überhaupt nicht fest drinnen ist"* (Z. 618-619) und es *„ein Abschied von Anfang an"* (Z. 616) ist. Auch wenn Frau Albrecht ihr Anstellungsverhältnis subjektiv als positiv bewertet und dieses *„echt hier nicht kritisieren"* (Z. 641) will, führt die bei KlientInnen zu Verunsicherungen. Dass sich ihre Situation im BEW bezüglich dieser Unsicherheit aber von der fest angestellter KollegInnen aufgrund personalwirtschaftlicher Interessen im Grunde nicht unterscheidet, erläutert sie folgendermaßen: *„Wenn ich mir die BEWs angucke, dann geht es ja immer darum, wie viele Stunden passen zu welchem Mitarbeiter und wie verlegt man die Klienten um, dass jeder auf seine Stunden kommt"* (Z. 626-628).

3.2.5 Vergleich der Interviews

3.2.5.1 Bedeutung und Auswirkung von bindungsorientierter Praxis

Frau Albrecht, die die helfende Beziehung mit der Eltern-Kind-Beziehung vergleicht, geht davon aus, dass positive Bindungserfahrungen von Sicherheit und Bedingungslosigkeit im Rahmen der helfenden Beziehung bei KlientInnen Vertrauen schaffen. *„Jede Arbeit, ... die man mit einem Klienten langfristig macht und wenn man spürt, dass sich etwas bewegt"* (Antonia Albrecht, Z. 85-87), basiert so auf einer sicheren Bindung. Die Erfahrung einer sicheren Bindung sieht Frau Albrecht als Voraussetzung für Selbstsicherheit und ein selbstbestimmtes Leben. Auch Frau Clemens erachtet die Interaktionen in zwischenmenschlichen Beziehungen und deren Qualität als grundlegend für persönliche Entwicklung und bezieht sich diesbezüglich auf *„Buber"* (Carla Clemens, Z. 197) und *„Feuser"* (Carla Clemens, Z. 200). Frau Becker weist auf die Bedeutung und mögliche Auswirkungen früherer Bindungserfahrungen von KlientInnen hin. Diese können einen Einfluss haben auf Wünsche an die helfende Beziehung wie *„Sicherheit und auch diese emotionale Geschichte"* (Berit Becker, Z. 359-360) oder in der helfenden Beziehung reinszeniert werden.

Bezüglich der Ersetzbarkeit der Fachkraft im Rahmen der helfenden Beziehung fallen Unterschiede auf. Sowohl Frau Albrecht als auch Frau Becker gehen tendenziell von einer Nicht-Ersetzbarkeit der Fachkraft aus. *„Wenn es so eine ausgewählte Beziehung gibt"* (Berit Becker, Z. 519-520), ist es *„in der Praxis ... häufig so ..., dass man das nicht ersetzen kann"* (Berit Becker, Z.

518-519). Frau Becker weist darauf hin, dass sich dies vor allem in Krisensituationen von KlientInnen zeigt. Nach Einschätzung von Frau Clemens ist es hingegen *„wichtig, dass wir uns eben nicht so unersetzbar machen, dass jemand abhängig davon wäre, ob jetzt Person X oder Person Y im Dienst ist"* (Carla Clemens, Z. 538-539). Dies erfordert ihrer Einschätzung nach einen entsprechenden Umgang mit Abwesenheiten von MitarbeiterInnen im Team.

Bezüglich der Auswirkungen der helfenden Beziehung auf die persönliche Beziehungsgestaltung von KlientInnen mit ihrem sozialen Umfeld äußern sich Frau Becker und Frau Clemens. Aufgrund der Beziehungsstrukturen, die teilweise *„so verwurzelt und ... verwoben"* (Berit Becker, Z. 557-578) sind, hält Frau Becker ein wirksames Intervenieren für kaum möglich und betrachtet die helfende Beziehung *„jedenfalls nicht so als Quelle der Veränderung"* (Berit Becker, Z. 540). Vielmehr sieht Frau Becker die helfende Beziehung als *„eine Komponente und keine geringe"* (Berit Becker, Z. 535-536) diesbezüglich, indem gemeinsame Erfahrungen in der helfenden Beziehung für KlientInnen prägend sein können und die helfende Beziehung Sicherheit zur Exploration geben kann. Eine damit einhergehende Stärkung des Selbstvertrauens kann sich nach Einschätzung von Frau Becker dann auch auf die Beziehungsgestaltung zu den Eltern auswirken. Frau Clemens bringt Veränderungen der Beziehungsgestaltung von KlientInnen mit ihrem sozialen Umfeld mit der von den Fachkräften und KlientInnen gemeinsam gestalteten Atmosphäre in der Wohngemeinschaft in Zusammenhang. *„Ich glaube, dass wir über die Jahre ... hier gemeinsam was gestaltet haben. Alle, die wir hier so sind, sozusagen, über die Jahre. Wo wir alle irgendwie was davon persönlich mitnehmen. Also, in unser persönliches Leben"* (Carla Clemens, Z. 599-603). Frau Clemens weist außerdem darauf hin, dass sie nicht nur Veränderungen auf Seiten der KlientInnen, sondern auch auf Angehörigenseite beobachtet hat.

3.2.5.2 Bindungsorientierte Praxis

Bindungssensible Grundhaltung/Bindungsaufbau: Bei vergleichender Betrachtung der Schilderungen der Fachkräfte fällt auf, dass alle eine akzeptierende Haltung gegenüber den KlientInnen für bedeutend erachten. *„Also Akzeptanz ist ein ganz wichtiger Bestandteil der Beziehungsgestaltung. Und in der Regel ... dauert das halt ... eine ganze Zeit lang, bis jemand einem tatsächlich abnimmt, dass man ihn so akzeptiert wie er ist"* (Berit Becker, Z. 21-24). Frau Becker konkretisiert dies folgendermaßen: *„Also sozusagen zu gucken,* *dass man sich möglichst frei macht von irgendwie Vorstellungen, wie etwas zu sein hat, wie Menschen zu leben haben, wie sie zu denken, zu fühlen oder sonst was haben. Und sich halt jemandem möglichst neu, sozusagen mit dem Blick eines Kindes jemand anzugucken"* (Berit Becker, Z. 644-648).

Die interviewten Fachkräfte thematisieren auch den Aspekt der Empathie. Frau Clemens bezieht sich in diesem Zusammenhang auf den personzentrierten Ansatz und hebt zusätzlich zu den Merkmalen Akzeptanz und Empathie das Merkmal der Kongruenz hervor. *„Wenn wir diese drei Variablen für uns als Begleiterinnen und Begleiter durchdrungen haben und anbieten können, dann ist schon die meiste Arbeit getan aus meiner Sicht"* (Carla Clemens, Z. 191-193). Frau Clemens betont die Wichtigkeit einer solchen Haltung im Setting der Wohngemeinschaft, da in diesem die Fachkräfte von außen die Privatsphäre der KlientInnen betreten.

Den Aspekt, dass gemeinsame Interessen ein verbindendes Element darstellen können und den einzigartigen Charakter der helfenden Beziehung unterstreichen, hebt Frau Becker hervor: *„Bernd zum Beispiel, der hat so eine unglaublich assoziative Art des Humors. Die liebe ich total. Weil wir da oft gleiche Assoziationen haben ..., die urkomisch sein können und niemand anders versteht das"* (Berit Becker, Z. 653-656). Auf Implikationen *„gewisse[r; Erg. d. Verf.] Bindungsmuster"* (Antonia Albrecht, Z. 23) auf *„professionelles Handeln"* (Antonia Albrecht, Z. 24) weist Frau Albrecht hin.

Sowohl Frau Becker als auch Frau Albrecht äußern sich zu dem Aspekt des Vertrauens. Nach Einschätzung von Frau Becker bildet die akzeptierende Haltung der Fachkraft für KlientInnen die *„Basis ... für Vertrauen"* (Berit Becker, Z. 30) in die helfende Beziehung. Frau Albrecht sieht Vertrauen als Voraussetzung für den Bindungsaufbau: *„Also wenn ich Schutz brauche, also mein Bindungsverhalten aktiviert ist und ... ich kann der [anderen Person; Erg. d. Verf.] gar nicht vertrauen, dann heißt es ja, wenn ich mich offenbare, dann kann derjenige mich ja ziemlich gefährden auch und deswegen braucht es da, glaube ich, einen ganz anderen Vorlauf und eine ganz andere Basis. Damit ich mir die Hilfe beim Mitarbeiter überhaupt abhole als Klient"* (Antonia Albrecht, Z. 336-340).

Feinfühligkeit: Aus den Schilderungen der Fachkräfte geht hervor, dass sie Interaktionen mit KlientInnen feinfühlig gestalten. Exemplarisch verdeutlicht sich dies in einem von Frau Clemens geschilderten Fallbeispiel: *„Jetzt ging es* *darum, den Mann kennenzulernen einerseits und andererseits war recht schnell klar, dass es wichtig ist, erst mal, was sind seine individuellen Mitbringsel? Wie kommt er mir entgegen? Wie nehme ich ihn wahr? Und was, glaube ich, aufgrund dessen, wie ich ihn wahrnehme, was genau passend für ihn ist, damit er sich wohlfühlt"* (Carla Clemens, Z. 222-226). Dies erfordert, sich auf den Klienten einzulassen, um entsprechend bedürfnisorientiert reagieren zu können: *„In Gesten, in Sprache, in zeitweise Fürsorglichkeit und zeitweise Zurücknehmen meiner Person und gleichzeitig aber ... ihn zu stabilisieren darin, dass es in Ordnung ist, wenn er das entscheidet und so weiter. Also, es braucht eine Präsenz auf einer emotionalen Ebene"* (Carla Clemens, Z. 252-255). Frau Albrecht weist zusätzlich darauf hin, dass die Bindungsrepräsentationen von KlientInnen in die feinfühlige Interaktionsgestaltung einbezogen werden sollten, um daraus resultierenden Bedürfnissen von KlientInnen gerecht zu werden (Antonia Albrecht, Z. 50-55).

Frau Becker und Frau Albrecht beschreiben zusätzlich mögliche Folgen einer feinfühligen Interaktionsgestaltung. So kann Feinfühligkeit das Vertrauen von KlientInnen in die helfende Beziehung stärken: *„Und dass es dann da an dem Punkt häufig auch nochmal dazu kommt, dass, wenn ich gut beim Klienten bin, ... dass das dann nochmal so ein Qualitätssprung ist, weil das nochmal Vertrauen schafft"* (Antonia Albrecht, Z. 288-291). Dass ihre Feinfühligkeit *„schon so der Schlüssel gewesen"* (Berit Becker, Z. 127) ist, äußerte eine Klientin gegenüber Frau Becker. Frau Becker beschreibt zusätzlich, dass eine feinfühlige Interaktionsgestaltung KlientInnen eine Selbstwirksamkeitserfahrung ermöglichen kann: *„Und danach saß er dann bei weit geöffneter Tür an seinem Tischchen mit dem Computer und guckte immer irgendwie, wer so vorbei lief, das war total witzig. Ja. Das war dann sozusagen wieder so ein Steinchen"* (Berit Becker, Z. 200-203).

Korrigierende Erfahrungen: Aus den Schilderungen der interviewten Fachkräfte geht hervor, dass KlientInnen in der helfenden Beziehung korrigierende Erfahrungen von Akzeptanz (Berit Becker, Z. 75-78; Carla Clemens, Z. 457-458; Antonia Albrecht, Z. 68-70), Vorhersagbarkeit (Berit Becker, Z. 171-173), Sicherheit bzw. Beständigkeit (Carla Clemens, Z. 281; Antonia Albrecht, Z. 291-293), emotionaler Verfügbarkeit (Carla Clemens, Z. 415-424) und Selbstbestimmung (Carla Clemens, Z. 469-470) ermöglicht werden. Dabei fällt auf, dass alle Fachkräfte korrigierende Erfahrungen als Folge einer feinfühligen Interaktionsgestaltung beschreiben. Aus den Schilderungen aller

Fachkräfte geht hervor, dass sich die korrigierende Wirkung alternativer Erfahrungen in einem Prozess vermittelt: *„Das ist immer noch im Prozess ... und ich sehe bei ihm [dem Klienten; Erg. d. Verf.] insbesondere häufig noch so diese Frage im Kopf: ‚Oh Gott, ... soll ich jetzt hier was vortäuschen oder kann ich einfach sagen: ‚Naja, ich hatte kein Bock.‘ "* (Berit Becker, Z. 78-81).

Sowohl Frau Albrecht als auch Frau Clemens beschreiben korrigierende Erfahrungen als korrigierend in Bezug auf frühere Bindungserfahrungen von KlientInnen. *„Es geht um etwas erfahrbar machen ... Es gab erst den Verlust durch das Miterleben des Todes der Mutter. Dann ist die Schwester zum Vater gekommen und die Frau selbst ins Heim. Es gab eine große Distanz, so dass es mir nachvollziehbar erscheint, ... dass es wichtig ist, auch körperlich klar zu haben: ‚Da ist jemand gerade ... Im Gegenteil zu dem sozusagen, was ich mental oder psychologisch, emotional vor allem, erlebt habe. Also, im Werden‘ "* (Carla Clemens, Z. 415-424).

Dass korrigierende Erfahrungen auch aktiv von KlientInnen gesucht werden und *„die ganzen Inhalte ... oft nur Vehikel"* (Carla Clemens, Z. 120) sind, die von KlientInnen genutzt werden, um zu erfahren: *„Meine Welt ist sicher"* (Carla Clemens, Z. 115), verdeutlicht Frau Clemens. Frau Albrecht weist darauf hin, dass sich KlientInnen infolge korrigierender Erfahrungen gegenüber der helfenden Beziehung weiter öffnen: *„Manchmal kommen dann erst dann die richtigen Themen"* (Antonia Albrecht, Z. 294-295). Dass die Vermittlung einer korrigierenden Erfahrung nicht in jedem Fall gelingt, schildert Frau Albrecht anhand eines Fallbeispiels (Antonia Albrecht, Z. 66-70).

Sichere Basis und sicherer Hafen: Als für KlientInnen bedeutsame Themen, die von der sicheren Basis der helfenden Beziehung aus, bearbeitet werden können, beschreibt Frau Albrecht die Suche nach der eigenen Familie, Partnerschaftsprobleme und Ängste (Antonia Albrecht, Z. 304-319). Frau Becker nimmt Bezug auf ihre Erfahrungen mit jungen KlientInnen, die sie bei *„der Loslösung aus ihren elterlichen Primär-Familienbeziehungen ... und dem Aufbau von so einem eigenen Leben"* (Berit Becker, Z. 379-380) unterstützt hat. Die von Frau Becker in diesem Zusammenhang beschriebene Rolle als stützender *„Schatten"* (Berit Becker, Z. 385) und *„dieses gemeinsame Explorieren"* (Antonia Albrecht, Z. 535-536) sind vergleichbar.

Die Bedeutung eines weiteren Aspekts heben Frau Becker und Frau Clemens hervor: *„Also dieses ewig Netzhaltende bringt es nicht in jeder Situation.*

Manchmal müssen die Leute, oder oft sogar, müssen sie irgendwann selbst sich trauen, Dinge zu machen ... ein ganz wichtiger Aspekt unserer Arbeit, finde ich, ist Zutrauen. Zutrauen vermitteln" (Berit Becker, Z. 431-434). Es *„muss natürlich vorher diese Basis schon da sein. Sonst macht das natürlich keinen Sinn. Also wenn die Beziehung nicht da ist, dann nimmt einem das ja jemand nicht ab, das ist ja logisch"* (Berit Becker, Z. 480-488). Aus den geschilderten Fallbeispielen geht hervor, dass dies für KlientInnen mit einem Erleben von Selbstwirksamkeit bzw. Selbstbestimmung verbunden ist. Frau Clemens weist in diesem Zusammenhang darauf hin, dass die *„Lebenssituation"* (Carla Clemens, Z. 474) in der Wohngemeinschaft grundlegend für die Vermittlung von Zutrauen ist.

Frau Becker und Frau Albrecht beschreiben, dass die helfende Beziehung für KlientInnen bei emotionalen Belastungen einen sicheren Hafen darstellt. *„Also da ist jemand jetzt furchtbar traurig und fühlt sich verlassen und man ist da einfach nur da und versteht das"* (Berit Becker, Z. 401-402).

Frau Becker, die die Beziehungen zwischen KlientInnen und ihren Angehörigen als häufig eng und übergriffig charakterisiert, beschreibt ihren Umgang mit dem sozialen Umfeld im Rahmen der helfenden Beziehung. Ihr früheres Verständnis einer die KlientInnen schützenden Funktion ist im Laufe ihrer Berufserfahrung einem stützenden Verständnis gewichen, so dass sie durch die Analyse von Interaktionen zwischen Angehörigen und KlientInnen versucht, Belastungssituationen für KlientInnen vorzubeugen. *„Das heißt, ich gucke mir an, in welche Situation er kommt, wenn zum Beispiel seine Mutter an seinem Geburtstag in sein Zimmer geht und das ist nicht geputzt und er kriegt dann ... die Standpauke von seiner Mutter gehalten. Also schlage ich ihm vor zu solchen Gelegenheiten vorher ... mit mir sein Zimmer zu putzen, damit er nicht in diese Situation kommt und das nimmt er gerne an und kommt jetzt sogar selbst sozusagen damit"* (Berit Becker, Z. 309-315).

Frau Becker spricht auch die Wichtigkeit der Einbeziehung des sozialen Umfeldes an. So ist das *„Vertrauen"* (Berit Becker, Z. 342-343) der Angehörigen in den Unterstützungsprozess ebenso wichtig wie die Rollenklärung mit den Angehörigen. Bezüglich der Einbeziehung des sozialen Umfeldes in die helfende Beziehung schildert Frau Clemens, dass sie die Treffen einer Klientin und ihrer Mutter begleitet und davon beide profitieren: *„Da ist es aber auch so, dass wir quasi schon zu dritt so eine Art Beziehungsgestaltung haben"*

(Carla Clemens, Z. 644-645). Frau Clemens schildert anhand eines Fallbeispiels, dass eine Klientin Treffen mit ihrer Tante im Rahmen der helfenden Beziehung vor- und nachbereitet. Dies ist vergleichbar mit der von Frau Albrecht beschriebenen Beratung von KlientInnen bezüglich möglicher Handlungsoptionen im Umgang mit ihrem sozialen Umfeld: *„Ich glaube, da hatte ich auch schon den einen oder anderen Klienten, der das so ein bisschen verstanden hat und dann da auch seine Erfahrungen mit machen konnte, dass man so ein Gespräch vorbereitet und sagen kann: ‚Ok, es gibt andere Möglichkeiten, um jetzt den Frust loszuwerden. Aber um was zu erreichen, muss ich anders ran gehen'"* (Antonia Albrecht, Z. 568-572).

Anhand eines Fallbeispiels schildert Frau Albrecht außerdem, dass sich die Sicherheit von KlientInnen im Umgang mit ihrem sozialen Umfeld in einem Prozess sukzessive steigern kann. *„Bis hin zu, dass man einfach nur noch daneben saß und vielleicht nonverbal, nickend, zustimmend irgendwie das begleitet hat. Oder gar nicht mehr gebraucht war"* (Antonia Albrecht, Z. 597-599). Dass die helfende Beziehung bezüglich des sozialen Umfeldes nicht nur eine sichere Basis, sondern auch ein sicherer Hafen bei emotionalen Belastungen darstellt, beschreibt Frau Albrecht. Dabei verweist sie darauf *„wie viel davon [diesem Ambivalenten; Erg. d. Verf.] einfach in der Generation davor schon kommuniziert wird"* (Antonia Albrecht, Z. 494-495) und für sie die Unsicherheiten der Klientin erklären.

Frau Albrecht verweist zusätzlich auf einen übergreifenden Aspekt: Sie beschreibt, dass eine grundsätzlich vorhandene Beziehungsqualität in der aktuellen Interaktion gestört sein kann und dies von KlientInnen abgetastet wird: *„Smalltalk ist dann immer schon, wo sozusagen die Situation vorgefühlt wird, auf die Beziehung, wie die gerade ist"* (Antonia Albrecht, Z. 136-137).

Ende der Hilfe: Aus den Schilderungen der Fachkräfte bezüglich der Beendigung von Unterstützungsprozessen geht hervor, dass diese Phase von allen als bedeutend erachtet wird und sie entsprechend bewusst damit umgehen. *„Die Qualität des Abschieds sagt einfach alles über die Qualität der Beziehung"* (Antonia Albrecht, Z. 642-643).

Alle Fachkräfte beschreiben die Beendigung von helfenden Beziehungen als zu gestaltenden Prozess, der mit einer sukzessiven Ablösung einhergeht: *„Also ich bemühe mich um so eine Art Ausschleichen von Kontakt"* (Antonia Albrecht, Z. 650). Frau Becker schildert diesbezüglich ihre Erfahrung, dass bei

KlientInnen *„dieses sich damit auseinanderzusetzen, dass sich jetzt da tatsäch-lich was geändert hat, funktioniert oft erst, wenn sich was geändert hat"* (Berit Becker, Z. 588-589). Bezüglich ihrer Erreichbarkeit nach dem Hilfeende fallen bei vergleichender Betrachtung der Schilderungen Gemeinsamkeiten und Un-terschiede auf. So schildern zwar alle, für KlientInnen auch nach dem Hilfe-ende erreichbar zu sein, im Unterschied zu Frau Clemens bringen Frau Alb-recht und Frau Becker diesbezüglich allerdings zum Ausdruck, zwischen einer inhaltlichen und einer persönlichen Ebene zu differenzieren: *„Ich bin als Mensch nicht aus der Welt ... Aber wenn es darum geht, Themen zu bearbeiten, bin ich nicht mehr die Richtige"* (Antonia Albrecht, Z. 664-666). Als einzige weist Frau Albrecht auf mögliche Belastungen hin, die daraus resultieren wür-den, wenn sie nach dem Ende der Hilfe uneingeschränkt *„überall den Kontakt aufrecht halte"* (Antonia Albrecht, Z. 649-650).

Frau Albrecht und Frau Becker schildern ihre Erfahrung, dass die Beendigung von Unterstützungsprozessen bei KlientInnen nicht zu einem *„Einbruch"* (Be-rit Becker, Z. 597) im Sinne einer Destabilisierung führte.

3.2.5.3 Einflussfaktoren und Voraussetzungen

Rolle der eigenen Person der Fachkraft: Bei vergleichender Betrachtung der Schilderungen fällt auf, dass alle interviewten Fachkräfte die hohe Bedeutung von Selbstreflexion für ein professionelles Handeln im Rahmen von Unterstüt-zungsprozessen hervorheben. So beschreiben alle, dass sich bei der Fachkraft reaktiv aufkommende Gefühle ohne entsprechende Reflexion negativ auf die Beziehungsgestaltung auswirken können. Ein exemplarisches Beispiel schil-dert Frau Becker: In Reaktion auf die Persönlichkeit bzw. Verhaltensweisen einer Klientin kamen bei ihr Gefühle von Antipathie und Wut auf, so dass sie sich schließlich während eines Gruppenausfluges als handlungsunfähig er-lebte. In der Reflexion stellte Frau Becker fest, dass die bei ihr reaktiv aufkom-menden Gefühle im Zusammenhang mit ihrer Person, persönlichen Erfahrun-gen und Vulnerabilitäten stehen. Frau Becker resümiert: *„Die [Klientin; Erg. d. Verf.] war echt für mich ein schwerer Brocken so. Aber ... das Interessante daran ist ja immer, dass das wenig mit den Leuten zu tun hat. Die sind halt so, wie sie sind. Aber ... wenn man mit bestimmten Sachen Schwierigkeiten hat, das hat halt immer mit einem selbst zu tun"* (Berit Becker, Z. 264-268). Dass

Selbstreflexion auch der Schlüssel zu bisher unzugänglichen Beziehungsräumen sein kann, geht aus dem von Frau Becker geschilderten Fallbeispiel ebenso hervor.

Zusätzlich beschreibt Frau Albrecht einen Zusammenhang zwischen bei der Fachkraft reaktiv aufkommenden Gefühlen und der Bindungsrepräsentation von KlientInnen: In Reaktion auf *„ein ambivalentes oder desorganisiertes Bindungsverhalten"* (Antonia Albrecht, Z. 38-39) der Klientin entstand bei ihr ein Gefühl der Hilflosigkeit. Diesbezüglich hebt sie die Bedeutung bindungstheoretischen Wissens für die Reflexion hervor. Frau Clemens schildert ihren Umgang mit eigenen Wertevorstellungen im Unterstützungsprozess: *„wenn ich dann in der Reflexion feststelle, jetzt habe ich mich hier vergaloppiert und das ist mehr meins, was ich mir wünschen würde für mein Leben, dass ich dann auch wieder Abstand nehmen kann"* (Carla Clemens, Z. 31-33). Damit der Unterstützungsprozess trotzdem an den Bedürfnissen der KlientInnen orientiert ist, hält sie ein entsprechendes Bewusstsein und Selbstreflexion für bedeutend.

Frau Albrecht spricht die Bedeutung des Vertrauens der Fachkraft in den Unterstützungsprozess an, das sich ausdrückt in einem Bewusstsein und der Akzeptanz von Grenzen in Bezug auf Handlungsmöglichkeiten und die begrenzte Verantwortung der Fachkraft: *„Also, sowohl, dass ich als Helfer nicht sofort appelliert bin einzuschreiten und fünf Lösungen anzubieten, weil das ja vielleicht gar nicht hilft. Aber auch, dass ich auch nicht die Verantwortung dafür habe, dass diese Dinge jetzt gelingen mussten"* (Antonia Albrecht, Z. 145-148).

Strukturelle Rahmenbedingungen: Bei vergleichender Betrachtung fällt auf, dass alle Fachkräfte diverse institutionell-organisationale Faktoren beschreiben, die sie als hinderlich für die Umsetzung ihrer direkten Praxis einstufen und sich durch diese teilweise in einer *„Sandwich-Position"* (Antonia Albrecht, Z. 250) sehen. Frau Clemens betont: *„Also, das ist für mich eine Riesenaufgabe, das zu bewältigen"* (Carla Clemens, Z. 326).

So werden die Konsequenzen aus Koppelung von Miet- und Betreuungsvertrag in der Wohngemeinschaft (Berit Becker, Z. 287-296; Antonia Albrecht, Z. 226-240), die Ausgestaltung der Hilfeform in Bezug auf die Angemessenheit der Hilfeplanung (Carla Clemens, Z. 297-353; Antonia Albrecht, Z. 330-331) oder *„bestimmte Vorstellungen, die zum Beispiel Angehörige haben können oder die Gesellschaft im allgemeinen oder der Kostenträger oder so, was* man *Klientinnen und Klienten ... beibringen sollte, damit sie dann am Ende gut teilhaben können an der Gesellschaft"* (Carla Clemens, Z. 49-52) kritisiert. Frau Albrecht weist zusätzlich darauf hin, dass die helfende Beziehung *„an sich überhaupt nicht reziprok ist"* (Antonia Albrecht, Z. 360-361): Da ihre *„Dienstleistung durch irgendwas Drittes finanziert wird"* (Antonia Albrecht, Z. 363-364), gewinnen KlientInnen den Eindruck, dass ihnen *„jemand selbstlos hilft"* (Antonia Albrecht, Z. 365) und *„deswegen fehlt sozusagen dieses Gegenseitige"* (Antonia Albrecht, Z. 368). Das Spannungsverhältnis von personalwirtschaftlichen Interessen des Trägers und inhaltlich-fachlichen Interessen beschreibt Frau Albrecht und weist darauf hin, dass dies bei KlientInnen *„sofort schon eine Unsicherheit"* (Antonia Albrecht, Z. 632-633) in Bezug auf personelle Kontinuität erzeugen kann. Dass sich aus dem Spannungsverhältnis von organisatorischen Erfordernissen und der inhaltlichen Arbeit auch Unsicherheiten bei der Fachkraft ergeben können, beschreibt Frau Albrecht: *„Weil ich ja auch unsicher bin, solange bis ich meine Arbeit in dem Punkt erledigt habe"* (Antonia Albrecht, Z. 247-248).

Es fällt auf, dass nur Frau Albrecht die Themen *„Supervision"* (Antonia Albrecht, Z. 32) und *„Fortbildung"* (Antonia Albrecht, Z. 19) anspricht. Die Bedeutung des Teams zur Selbstreflexion und gegenseitigen Entlastung beschreibt Frau Becker (Berit Becker, Z. 245-246).

4. Diskussion

Aus den im Vergleich der drei Interviews erkennbaren Auffälligkeiten können induktiv Hypothesen gebildet werden, die zur Beantwortung der Forschungsfrage dieser Arbeit nach der *Umsetzung eines bindungsorientierten Vorgehens von psychosozialen Fachkräften in Unterstützungsprozessen von erwachsenen Menschen mit geistiger Behinderung* beitragen. Im Folgenden werden die Hypothesen vor dem Hintergrund theoretischer Erkenntnisse diskutiert.

4.1 Hypothese: Sichere Bindung als Grundlage für Entwicklung

Im Rahmen einer bindungsorientierten Praxis mit Menschen mit geistiger Behinderung ist die Erfahrung einer sicheren Bindung Grundlage für Entwicklungsprozesse.

Aus den Schilderungen aller Interviewten geht hervor, dass die Gestaltung der helfenden Beziehung als *„Bindungsbeziehung"* (Antonia Albrecht, Z. 383) im Rahmen ihrer psychosozialen Praxis mit Menschen mit geistiger Behinderung das *„A und O, sozusagen"* (Carla Clemens, Z. 39) ist. So ist Frau Clemens sehr wichtig, dass die Klientin bzw. der Klient *„sich sicher sein kann: ,Ja, diese Frau, mit der ich es da zu tun habe, ist auf meiner Seite oder steht mir zur Seite'"* (Carla Clemens, Z. 22-23). Auch aus den Schilderungen von Frau Becker geht die Bedeutung, die *„eine gesicherte Beziehungsbasis"* (Berit Becker, Z. 30) hat, hervor. Auch Frau Albrecht geht auf den Aspekt der Sicherheit ein und betont, *„dass es um was Bedingungsloses geht"* (Antonia Albrecht, Z. 457). Alle Interviewten thematisieren die hohe Bedeutung ihrer emotionalen Verfügbarkeit in Belastungssituationen von KlientInnen: *„man ist da einfach nur da und versteht das, egal aus welchem Grund"* (Berit Becker, Z. 401-402).

Aus bindungstheoretischer Sicht ist davon auszugehen, dass bei Menschen jeden Alters in bedrohlichen Situationen und bei Belastungserleben das Bindungsverhaltenssystem aktiviert wird, um die Nähe zu einer schützenden Bindungsperson und damit Sicherheit herzustellen (Bowlby, 2009, S. 20 f.). Aus dieser Perspektive ist auch bei der Suche nach professioneller Unterstützung das Bindungsverhaltenssystem aktiviert. „Diese Bindungswünsche sind ein natürlicher Ausdruck dessen, daß die eigenen Problemlösungsversuche gescheitert sind und man Hilfe braucht. Insofern wird ein Therapeut immer auch als Bindungsperson konsultiert, d.h. daß der Patient seine Bindungsbedürfnisse in die therapeutische Beziehung einbringt" (Hauser & Endres, 2002, S. 168). Dieser Zusammenhang besteht dabei nicht nur in therapeutischen Beziehungen, sondern in gleicher Weise in helfenden Beziehungen in psychosozialen Handlungsfeldern (Brisch, 2014, S. 24). Von grundlegender Bedeutung ist diesbezüglich, dass sich Fachkräfte in ihrem „Fürsorgeverhalten durch das aktivierte Bindungssystem des hilfesuchenden Klienten ansprechen lassen und ihm zeitlich, räumlich und emotional zur Verfügung stehen" (ebd., S. 25). Auf dieser Grundlage sind sowohl therapeutische als auch helfende Beziehungen als Bindungsbeziehungen zu betrachten (Strauß, 2008; Pauls, 2013, S. 54; vgl. auch bereits Bowlby, 2010, S. 112 ff.).

Sowohl Frau Albrecht als auch Frau Becker sprechen an, „*dass man eben nicht einfach ersetzbar ist*" (Antonia Albrecht, Z. 383-384) als Fachkraft in einer spezifischen helfenden Beziehung. Die beschriebene Nicht-Ersetzbarkeit und damit implizierte Selektivität und Spezifität bestätigt, dass helfende Beziehungen den Charakter einer Bindungsbeziehung haben. So sind Selektivität und Spezifität doch prägende Merkmale von Bindung (Grossmann & Grossmann, 2012, S. 71). Frau Clemens spricht in ihrem Interview ebenfalls die Nicht-Ersetzbarkeit an und bezieht zusätzlich den Aspekt ein, dass diese nicht zur Abhängigkeit werden darf. Dies steht auch im Einklang mit der Bindungstheorie, in der das menschliche Bindungsbedürfnis „als ein grundlegendes Merkmal einer effektiv funktionierenden Persönlichkeit und psychischer Gesundheit betrachtet" (Bowlby, 2009, S. 21) wird und somit nicht mit Abhängigkeit gleichzusetzen ist (Grossmann & Grossmann, 2012, S. 85; Schleiffer, 2014, S. 30).

Frau Becker geht darauf ein, dass frühere Bindungserfahrungen Wünsche und Erwartungen an die helfende Beziehung prägen können. Sie berichtet von einem Klienten, der in ihr eine „*Mutterperson*" (Berit Becker, Z. 358-359) suchte. Gleichzeitig übertrug der Klient Verhaltensweisen aus der früheren Beziehung in die helfende Beziehung, indem „*er sozusagen denkt, er müsse mich auch irgendwie so anschwindeln*" (Berit Becker, Z. 361-362). Hierin bestätigt sich nochmals, dass der Bindungsaspekt in helfenden Beziehungen von großer Bedeutung ist. So werden Fachkräfte einerseits von KlientInnen im Rahmen der helfenden Beziehung als Bindungspersonen wahrgenommen. Andererseits bestätigt sich, dass „das Bindungssystem ein Bestandteil der therapeutischen Beziehung" (Hauser & Endres, 2002, S. 168) ist und zwar unabhängig davon, ob dies expliziert wird oder nicht.

Aus den geschilderten Fallbeispielen aller Interviewten geht hervor, dass Entwicklungsprozesse von KlientInnen mit der erlebten (emotionalen) Sicherheit in der helfenden Beziehung im Zusammenhang stehen. So sind Entwicklungsprozesse von KlientInnen nach Einschätzung von Frau Albrecht *„immer auf eine gelingende Bindung dann zurückzuführen"* (Antonia Albrecht, Z. 87-88). Frau Albrecht verdeutlicht dies in Bezug auf die Erweiterung des sozialen Umfeldes von KlientInnen: *„Im Schutze des Betreuers wagt man sich vor und untersucht die Situation mal so ein bisschen und hat aber gleichzeitig noch diesen Schutz"* (Antonia Albrecht, Z. 538-540). In Bezug auf junge KlientInnen, die Frau Becker beim *„Raustreten aus diesem elterlichen Kokon, in dem sie da oft waren"* (Berit Becker, Z. 391-392) unterstützt hat, beschreibt sie ihre Rolle als *„Schatten, der ... da so hinten immer so halb schräg dran steht und ab und an, wenn jemand kippt irgendwie mal so die Hand sozusagen hinhält, dass er nicht ganz umfällt"* (Berit Becker, Z. 385-387). Aus den Schilderungen aller Interviewten geht auch die Bedeutung von *„Zutrauen haben und Zutrauen vermitteln"* (Berit Becker, Z. 434) hervor. Frau Clemens schildert, dass sich ein Klient so erstmals zutraute, ohne Begleitung einer Fachkraft Fahrrad zu fahren und ihr im Nachhinein erzählte: *„Ah, ich war übrigens gestern Fahrrad fahren"* (Carla Clemens, Z. 495). Dass sich die Selbstsicherheit im Rahmen der helfenden Beziehung bezüglich des Umgangs mit Angehörigen und dem sozialen Umfeld steigern kann geht aus den Schilderungen aller Interviewten hervor: *„dann steigt irgendwie das Selbstvertrauen und dann tritt man einfach ganz anders auf. Auch in der Beziehung zu seinen Eltern zum Beispiel"* (Berit Becker, Z. 573-575). So zeigt sich, dass die helfende Beziehung zur Autonomieentwicklung beiträgt, zur Förderung selbstbestimmten und selbstwirksamen Handelns.

Bindungstheoretisch ist davon auszugehen, dass zusätzlich zum genetisch verankerten Bindungssystem das Explorationssystem existiert. „Die Spannung zwischen den Polen Bindung und Exploration muß dabei immer wieder neu wie auf einer ,Wippe' ausbalanciert werden, da Bindung und Exploration wie These und Antithese zueinander in Beziehung stehen" (Brisch, 2011a, S. 40; vgl. Abb. 2). Exploration ist so nur möglich, wenn das Bindungssystem nicht aktiviert ist. Die grundlegende Bedeutung einer verfügbaren Bindungsperson als sichere Basis für Exploration ergibt sich daraus. „Die Abwesenheit stabiler Bindungspersonen behindert dagegen dieses ,Explorieren' und damit die Entwicklung sämtlicher emotionaler, kognitiver und sozialer Fähigkeiten" (Gahleitner, 2014, S. 59). Im Rahmen bindungsorientierter Interventionen stellt somit die helfende Beziehung „als verlässliche Basis" (Bowlby, 2010, S. 113) die Grundlage für Entwicklungsprozesse von KlientInnen dar.

In den Schilderungen von Frau Clemens deutet sich eine Erweiterung der Perspektive, die auf die Fachkraft-KlientIn-Dyade fokussiert, an. So stellt sie einen Zusammenhang zwischen der „Lebenssituation" (Carla Clemens, Z. 474) in der Wohngemeinschaft und Entwicklungsprozessen von KlientInnen her. Die damit implizierte Vorstellung der Wohngemeinschaft als sichere Basis erinnert an das von Kühn (2013, S. 32 ff.) formulierte traumapädagogische Konzept der Pädagogik des sicheren Ortes. In diesem wird die Bedeutung eines sicheren Ortes, der sich durch „verlässliche, einschätzbare und zunehmend zu bewältigende Lebensraum- und Alltagsbedingungen" (ebd., S.33) auszeichnet, zur Bewältigung traumatischer Erfahrungen hervorgehoben (vgl. hierzu auch Kap. 4.3).

4.2 Hypothese: Methoden bindungsorientierter Praxis

Für die Umsetzung einer bindungsorientierten Praxis mit Menschen mit geistiger Behinderung sind eine feinfühlige Interaktionsgestaltung sowie die Vermittlung korrigierender Bindungserfahrungen auf der Grundlage einer (selbst-)reflexiven Haltung der Fachkräfte von außerordentlicher Bedeutung. Die Beendigung von Unterstützungsprozessen ist bindungssensibel zu gestalten.

Feinfühlige Interaktionsgestaltung: Alle interviewten Fachkräfte schildern Fallbeispiele, die Aufschluss über ihren feinfühligen Umgang mit Bedürfnissen von KlientInnen im Rahmen der helfenden Beziehung geben. Exemplarisch verdeutlicht sich dies in einem Resümee von Frau Clemens bezüglich eines Fallbeispiels: „Ich musste lernen, mich auf ihn einzulassen, zu lesen, was für ihn gut ist und ihm das dann anbieten" (Carla Clemens, Z. 251-252). Dabei erschließt sich aus dem Kontext der von allen Interviewten geschilderten Fallbeispiele, dass eine derartige Interaktionsgestaltung über die gesamte Zeitspanne des Unterstützungsprozesses von grundlegender Bedeutung zu sein scheint. Frau Becker und Frau Albrecht gehen darauf ein, dass eine feinfühlige Interaktionsgestaltung „dieses aufkeimende Vertrauen wahrscheinlich so ein bisschen untermauert" (Berit Becker, Z. 174-175).

Die interviewten Fachkräfte beschreiben, ohne sich explizit darauf zu beziehen, das von Ainsworth (2003) formulierte *Konzept der Feinfühligkeit*, das als „[d]as zentrale Konzept für die empirische Bindungsforschung" (Grossmann & Grossmann, 2012, S. 119) zu bezeichnen ist. Diesem Konzept zufolge ist eine Bindungsperson feinfühlig, wenn sie geäußerte Bindungsbedürfnisse wahrnimmt und richtig interpretiert sowie angemessen und prompt reagiert (Ainsworth, 2003). In einer Vielzahl von Untersuchungen konnte die entscheidende Bedeutung einer feinfühligen Bindungsperson für die Entwicklung von Bindungssicherheit belegt werden (Grossmann & Grossmann, 2012, S. 165 f.). Diese Bindungssicherheit kann als Ausdruck eines inneren Arbeitsmodells von Bindung verstanden werden, in dem die Verhaltensweisen der Bindungsperson nicht nur einschätzbar sind, sondern zusätzlich in die Verfügbarkeit der Bindungsperson vertraut wird sowie ein Selbstbild als liebenswerte und der Unterstützung würdige Person besteht (Bretherton, 2006, S. 17). Vor diesem Hintergrund kann vermutet werden, dass Feinfühligkeit für den Aufbau von Vertrauen in die Verfügbarkeit der Fachkraft (auch) in helfenden Beziehungen eine Schlüsselfunktion hat, indem sich ein der Feinfühligkeit korrespondierendes inneres Arbeitsmodell entwickelt.

Die Bedeutung von Feinfühligkeit im Rahmen bindungsorientierter Interventionen wird in der Literatur bestätigt (Brisch, 2014, S. 23 f.; Gahleitner, 2009, S. 162) und erklärt sich mit dem bereits ausgeführten Zusammenhang von Feinfühligkeit und der Entwicklung von Bindungssicherheit. Es finden sich Hinweise dafür, dass Feinfühligkeit gerade in der Interaktion mit Menschen mit geistiger Behinderung von nochmals gesteigerter Bedeutung ist (Rauh, 1999, S. 214; Schuengel et al., 2010, S. 45). So erfordern nach Schuengel et al. (2010, S.45) die behinderungsbedingt häufig eingeschränkten Kommunikationsmöglichkeiten von Menschen mit geistiger Behinderung auf Seite der Fachkräfte ein besonders ausgeprägtes Maß an Feinfühligkeit. Es kann dabei vermutet werden, dass die eingeschränkten Kommunikationsmöglichkeiten von Menschen mit geistiger Behinderung nicht ausschließlich durch Behinderung bedingt sind, sondern auch durch Bindungserfahrungen beeinflusst werden. Eine sichere Bindung würde aus dieser Perspektive dann zur Verbesserung der Mitteilungsmöglichkeiten beitragen können, da die Feinfühligkeit der Bindungsperson auch dazu beiträgt, dass Gefühle „zunehmend mit Sprache gefüllt" (Gahleitner, 2009, S. 148), dadurch differenzierter wahrgenommen und auch kommuniziert werden können (Grossmann & Grossmann, S. 196).

Eine sichere Bindung kann aber nicht nur zur Verbesserung der Mitteilungs-möglichkeiten beitragen, sondern gilt auch als Grundlage für die Entwicklung der Mentalisierungsfähigkeit (Fonagy, 2009, S. 176). Diese selbstreflexive Fähigkeit ist von zentraler Bedeutung, „will man die Handlungen anderer erklären oder vorhersehen. Schließlich müssen wir, um dies zu können, abschätzen können, was die andere Person als gegeben ansieht, welche Annahmen sie ihrem Handeln zugrunde legt und was sie vorhat. Von dieser Fähigkeit hängt unsere soziale Kompetenz ab" (Schleiffer, 2014, S. 58).

Zusätzlich zu der beschriebenen feinfühligen Interaktionsgestaltung gehen alle Interviewten auf die Bedeutung einer akzeptierenden Haltung der Fachkraft gegenüber KlientInnen ein: „*gerade wenn es um Bindung geht, dann geht es ja tatsächlich auch um das Interesse an dem Anderem und den Anderen anzunehmen*" (Antonia Albrecht, Z. 242-243). „*Der wichtige Aspekt Empathie*" (Berit Becker, Z. 490) wird ebenfalls von allen Interviewten angesprochen. Da aus theoretischer Perspektive Akzeptanz und Empathie im Konzept der Feinfühligkeit aufgehen (Höger, 1990, 2007), bestätigt sich hiermit nochmals die zentrale Bedeutung von Feinfühligkeit.

Korrigierende Bindungserfahrungen: Alle Interviewten schildern, dass KlientInnen im Rahmen der helfenden Beziehung Erfahrungen machen, die in Bezug auf bisherige Beziehungserfahrungen als korrigierend zu bezeichnen sind. So verdeutlicht Frau Becker bezüglich eines Klienten: „*Und das war halt so ein Punkt ..., wo er zum ersten Mal so gemerkt hat: ,Aha, das scheint tatsächlich so zu sein, dass ich jetzt hier niemanden vor mir habe, der mit ... so einem Wertekanon da irgendwie rangeht, der so allgemeingültig ist und mir jetzt hier Vorwürfe macht und irgendwie was weiß ich*'" (Berit Becker, Z. 74-78). Bei allen Interviewten fällt auf, dass korrigierende Erfahrungen in der helfenden Beziehung aus einer feinfühligen Interaktionsgestaltung resultieren. Es geht aus den Schilderungen aller Interviewten zusätzlich hervor, dass sich korrigierende Erfahrungen in einem „*Prozess*" (Berit Becker, Z. 78) vermitteln.

Korrigierende Bindungserfahrungen sind im Rahmen einer bindungsorientierten Praxis von zentraler Bedeutung, so kann als Zielsetzung bindungsorientierter Interventionen die Veränderung von Bindungskonzepten der KlientInnen in Richtung Bindungssicherheit betrachtet werden (Brisch, 2014, S. 23 f.; Gahleitner, 2009, S. 162). Dabei wird Feinfühligkeit und emotionale Verfügbarkeit als Voraussetzung zur Vermittlung korrigierender Bindungserfahrungen hervorgehoben (Brisch, 2014, S. 16). Dies steht auch im Einklang mit den bindungstheoretischen Grundlagen: Frühkindliche Bindungssicherheit kann so auf die Feinfühligkeit der primären Bindungsperson zurückgeführt werden. Aus theoretischer Sicht handelt es sich bei den Bindungsrepräsentationen der KlientInnen um die „generalisierende Verinnerlichung" (Schleiffer, 2014, S. 233) ihrer bisherigen Bindungserfahrungen. Obwohl davon ausgegangen wird, dass eine Veränderung der Bindungsorganisation über die gesamte Lebensspanne möglich sind (Brisch, 2014, S. 16), kann gleichzeitig von einem mit zunehmenden Alter abnehmenden Einfluss von Bindungserfahrungen auf die Bindungsorganisation ausgegangen werden (Abb. 5). Insbesondere für eine bindungsorientierte Praxis mit Erwachsenen ergibt sich hieraus die Implikation eines angemessen langen Zeitrahmens (Hauser & Endres, 2002, S. 169 f.).

Interessant ist in diesem Zusammenhang die Argumentation von Schleiffer (2014, S. 241), dass in psychotherapeutischen Settings eine Erfahrung erst dann ihre korrigierende Wirkung entfalten, wenn PatientInnen diese von der therapeutischen Situation auf ihr Alltagsleben übertragen. Dies impliziert, dass im Rahmen psychosozialer Unterstützungsangebote die Möglichkeiten zur Vermittlung korrigierender Erfahrungen vielfältiger sind als in therapeutischen Angeboten, da es sich bei ihnen im Unterschied zur Psychotherapie nicht „um eine vom Alltagsleben deutlich unterschiedene Situation handelt" (Schleiffer, 2014, 241).

Reflexion: Alle Interviewten betonen die Bedeutung einer (selbst-)reflexiven Haltung im Rahmen von Unterstützungsprozessen von Menschen mit geistiger Behinderung, die sie als wichtiges Kriterium für Professionalität sehen: *„Es ist ja keine freundschaftliche Beziehung, ... hier bin ich ja sozusagen aufgefordert, mich selbst zu verändern, damit ich diese Leistung bringen kann"* (Carla Clemens, Z. 108-111). Aus den Schilderungen aller Interviewten geht hervor, dass bei ihnen in Reaktion auf KlientInnen aufkommende negative Gefühle ohne eine entsprechende Reflexion zu einer Bedrohung für die helfende Beziehung werden können. *„Und wenn man sich da nicht drum kümmert, dann wird das halt nicht funktionieren"* (Berit Becker, Z.268-269). Dass dabei persönliche Erfahrungen der Fachkraft bedeutend sind, berichtet Frau Becker, die in der Reflexion bezüglich einer Klientin zu der Erkenntnis gelangt, dass *„dieser unerwartete Gefühlsumschwung, den sie des Öfteren sozusagen hat ..., dass der mich an etwas aus meiner Kindheit erinnert"* (Berit Becker, Z. 247-249). Frau Albrecht geht in diesem Zusammenhang auf ein Fallbeispiel ein und bringt die bei ihr in Reaktion auf eine Klientin aufkommenden Gefühle und daraus resultierenden Folgen für ihre Interaktionsgestaltung mit der Klientin in Zusammenhang mit deren Bindungsrepräsentation: *„Und zwar habe ich mich dann so hilflos gefühlt in dem Moment, dass mir hinterher klar wurde, dass da einfach was in der Übertragung passiert. Und zwar ein ambivalentes, oder desorganisiertes Bindungsverhalten"* (Antonia Albrecht, Z. 36-39). Frau Clemens betont zusätzlich, dass Selbstreflexion von Bedeutung ist, damit der Unterstützungsprozess an den Bedürfnissen der KlientInnen orientiert ist: *„Sonst werde ich ja manipulativ"* (Carla Clemens, Z. 62-63).

Die Bedeutung einer (selbst-)reflexiven Haltung im Rahmen einer bindungsorientierten Praxis wird auch in der Literatur bestätigt: „Von einer professionellen Beziehung ist eine reflexive Haltung zu erwarten" (Schleiffer, 2014, S. 267 f.). Aus theoretischer Sicht kann die zentrale Bedeutung einer selbstreflexiven Haltung der Fachkräfte vor dem Hintergrund des Zusammenhangs zwischen Mentalisierungsfähigkeit und Feinfühligkeit erklärt werden. So ermöglicht die Mentalisierungsfähigkeit, sich in andere Menschen hineinzuversetzen und ist damit als grundlegend dafür zu erachten, Bedürfnisse entsprechend dem Konzept der Feinfühligkeit richtig zu interpretieren (Schleiffer, 2014, S. 58, Ahnert & Spangler, 2014, S. 423). Daher spielt im Rahmen einer bindungsorientierten Praxis auch die Bindungsgeschichte der Fachkräfte und deren Reflexion eine Rolle. So zeigen Untersuchungen, dass sich eine sichere Bindungsorganisation der Fachkraft positiv auf die Ergebnisse bindungsorientierter Interventionen auswirken (Suess et al., 2010; Schuengel et. al, 2010), was mit den Ergebnissen von Untersuchungen zur transgenerationalen Kontinuität von Bindungssicherheit bzw. -unsicherheit korrespondiert (IJzendoorn, 1995). Die sich daraus ergebende Frage nach der Notwendigkeit einer sicheren Bindungsorganisation von Professionellen verneint Eckert (2008, S. 347) für PsychotherapeutInnen. „Der Therapeut sollte allerdings in der Lage sein, dem Patienten eine ‚sichere Basis' im Sinne Bowlbys zu bieten. Das kann auch einem nicht sicher oder nur bedingt sicher gebundenen Therapeuten gelingen, solange sein eigenes Bindungssystem im Prinzip deaktiviert ist. Die zweite Bedingung, die ein nicht sicher oder nur bedingt sicher gebundener Therapeut erfüllen sollte, ist ein reflektierter und konstruktiver Umgang mit seinen Bindungsproblemen" (ebd.). Dieser Zusammenhang kann auf Fachkräfte in psychosozialen Handlungsfeldern übertragen werden und unterstreicht die Bedeutung der Förderung der Reflexion dieses Zusammenhangs als „hervorragende Gelegenheit zu professionellem Lernen" (Suess et al., 2010, S. 158), auch im Kontext von Supervision und Intervision. Die von Schleiffer (2014, S. 272) vorgeschlagene und in Ausbildungsgänge integrierte bindungstheoretisch orientierte Selbsterfahrung kann dafür eine Basis darstellen.

Es kann davon ausgegangen werden, dass auf der Grundlage bindungstheoretischer Wissensbestände eine stärker differenzierte Reflexion erfolgen kann. So kann Frau Albrecht die bei ihr in Reaktion auf eine Klientin aufkommenden Gefühle von Hilflosigkeit auf der Grundlage bindungstheoretischen Wissens als Übertragung des Bindungsmodells der Klientin reflektieren (Hauser & Endres, 2002, S. 169). Vor diesem Hintergrund zeigt sich, dass die Vermittlung bindungstheoretischen Wissens für eine differenzierte Reflexion wichtig ist.

Beendigung: Alle Interviewten berichten, dass sie es für wichtig erachten, bei der Beendigung von Unterstützungsprozessen *„eine entsprechende Verabschiedungsphase"* (Carla Clemens, Z. 546-547) zu gestalten. In dieser Phase werden so auch Bindungsbedürfnisse von KlientInnen gegenüber den Fachkräften geäußert, auf die sie feinfühlig eingehen: *„‚Dann musst du uns aber besuchen kommen und dann ... können wir ja dies und jenes noch zusammen machen‘, und ... ich habe das auch bestätigt"* (Berit Becker, Z. 591-592). Alle Interviewten schildern, dass sie auch nach dem Ende des Unterstützungsprozesses für KlientInnen erreichbar sind. Frau Becker und Frau Albrecht gehen darauf ein, dass bei KlientInnen infolge der Beendigung des Unterstützungsprozesses *„kein Einbruch gelaufen ist"* (Berit Becker, Z. 597*)*.

Aus theoretischer Sicht handelt es sich bei der Beendigung von Unterstützungsprozessen um eine bindungsrelevante Phase, die feinfühlig zu gestalten ist, „weil sich hier Beziehungsängste und -konflikte erneut aktualisieren können" (Gahleitner, 2008, S. 161). „Der Sozialarbeiter verhält sich bei der behutsamen Lösung des sozialarbeiterischen Bündnisses als Vorbild für den Umgang mit Trennungen" (Brisch, 2014, S. 25). Brisch (2014, S. 25) hebt die Bedeutung der Aufrechterhaltung der sicheren Basis auch nach der „physischen Trennung" hervor und damit die fortbestehende Möglichkeit für KlientInnen, im Bedarfsfall Unterstützung zu erhalten.

4.3 Hypothese: Strukturelle Rahmenbedingungen bindungsorientierter Praxis

Die Relevanz einer bindungsorientierten Praxis mit Menschen mit geistiger Behinderung findet in den strukturell-gesetzten Rahmenbedingungen kaum Beachtung.

Aus den Schilderungen der interviewten Fachkräfte bezüglich der strukturellen Rahmenbedingungen geht hervor, dass zwischen diesen und den Erfordernissen einer bindungsorientierten Praxis mit Menschen mit geistiger Behinderung eine nicht ausreichende Passung besteht. So wird besonders deutlich von Frau Clemens, aber auch von Frau Albrecht, die Art und Weise der Hilfeplanung kritisiert, die *„uns ja in so einer offenen Beziehungsgestaltung massiv einschränkt"* (Carla Clemens, Z. 308-309), *„wenn sich jemand nach Items orientieren muss in seiner Lebensgestaltung"* (Carla Clemens, Z. 325-326), so dass sie diesbezüglich *„keinerlei Verknüpfung"* (Carla Clemens, Z. 349) sieht. *„Plötzlich in die Vermieterrolle schlüpfen muss"* (Berit Becker, Z. 292-293) Frau Becker teilweise aufgrund der Koppelung von Miet- und Betreuungsvertrag in der Wohngemeinschaft, was sie kritisiert. Frau Albrecht weist darauf hin, dass daraus Unsicherheiten der Fachkraft resultieren können und es *„den Kontakt [mit den KlientInnen; Erg. d. Verf.] belastet und auch überstrapaziert"* (Antonia Albrecht, Z. 227-228). Sie geht auch darauf ein, dass aus prekären Arbeitsverhältnissen und personalwirtschaftlichen Interessen des Trägers für KlientInnen *„sofort schon eine Unsicherheit"* (Antonia Albrecht, Z. 632-633) bezüglich einer Beziehungskontinuität entstehen kann.

Es bietet sich an die von den Fachkräften geschilderten Rahmenbedingungen auf der Grundlage von im Bereich der Traumapädagogik formulierten Konzepten in den Blick zu nehmen (Kühn, 2013; T. Lang, 2013). Sowohl das von Kühn (2013) entwickelte Konzept der *Pädagogik des sicheren Ortes* als auch die von T. Lang (2013) aufgezeigten bindungsorientierten Kommunikations- und Interventionsmöglichkeiten betrachten zusätzlich zur Fachkraft-KlientIn-Interaktion die Ausgestaltung der institutionellen Strukturen und betonen deren Relevanz für Unterstützungsprozesse. So sollen institutionelle Strukturen nicht nur KlientInnen Sicherheit geben, sondern auch Fachkräften einen sicheren Handlungsrahmen bieten (Kühn, 2013, S. 32 ff.; T. Lang, 2013, S. 207 ff.). Bezüglich der bindungsorientierten Kommunikations- und Interventionsmöglichkeiten der Institution gegenüber KlientInnen werden so neben anderen die Ermöglichung von Beziehungskontinuität, die Berücksichtigung von Bindungsbedürfnissen in der Hilfeplanung und das Stützen von Bindungsarbeit als zentral erachtet (T. Lang, 2013, S. 209). Neben Wertschätzung, einer „Fehler-freundlichkeit und -verständlichkeit" (ebd, S. 207) und weiterer bindungsori-entierten Kommunikations- und Interventionsmöglichkeiten der Institution ge-genüber Fachkräften, ist das Vorhandensein sicherer Arbeitsverträge zentral (ebd.). Dabei können sichere Arbeitsverträge als von grundlegender Bedeu-tung für die Ermöglichung von Beziehungskontinuität erachtet werden, was sich auch in den Schilderungen der im Rahmen dieser Arbeit interviewten Fachkräfte zeigt.

Es kann davon ausgegangen werden, dass die von Schirmer (2013, S. 265) vorgeschlagenen Kriterien zur Etablierung traumapädagischer Konzepte eben-falls im Rahmen einer institutionellen Etablierung bindungsorientierter Inter-ventionskonzepte für Menschen mit geistiger Behinderung von Bedeutung sind. Solche auf Grundlage einer gemeinsamen Vision initiierten und partizi-pativen Organisationsentwicklungsprozesse bieten dann auch einen Ansatz-punkt, eine Hilfeplanung zu etablieren, die „[e]ine mehrdimensionale, bezie-hungssensible diagnostische Abklärung, die der Lebenswelt, dem sozialen Umfeld und der Biografie angemessenen Stellenwert einräumt und ein mög-lichst nahtloses Anknüpfen an den ‚jeweiligen Beziehungsstatus' möglich macht" (Gahleitner, 2009, S. 161) und damit auch, wie von T. Lang (2013, S. 209) gefordert, Bindungsbedürfnisse von KlientInnen in den Blick nimmt.

96

5. Fazit

In der vorliegenden Arbeit wurde die Fragestellung, wie psychosoziale Fach-kräfte ein bindungsorientiertes Vorgehen in Unterstützungsprozessen von er-wachsenen Menschen mit geistiger Behinderung umsetzen, sowohl theoretisch als auch empirisch untersucht. Im empirischen Teil der Untersuchung wurden im Rahmen eines halbstrukturierten Vorgehens mit drei Fachkräften problem-zentrierte Interviews geführt und einer strukturierenden qualitativen Inhalts-analyse zugeführt. Auf Grundlage des empirischen Materials wurden induktiv drei Hypothesen gebildet, deren Diskussion vor dem Hintergrund theoretischer Erkenntnisse zur Beantwortung der Fragestellung beiträgt.

Die Forschungsergebnisse bestätigen, dass helfende Beziehungen im Rahmen von Unterstützungsprozessen von Menschen mit geistiger Behinderung den Charakter einer Bindungsbeziehung haben. Die Erfahrung einer sicheren Bin-dung bietet KlientInnen durch die emotionale Verfügbarkeit der Fachkräfte nicht nur Sicherheit in Belastungssituationen, sondern ist auch sichere Basis für Entwicklungsprozesse. Bezüglich der sicheren Basis legen die Forschungs-ergebnisse eine Erweiterung des dyadischen Fokus' nahe, indem sie darauf hinweisen, dass zusätzlich zur Fachkraft die Wohngemeinschaft als Ganzes für KlientInnen eine sichere Basis darstellen kann.

Es zeigt sich, dass eine feinfühlige Interaktionsgestaltung der Fachkräfte im Rahmen von Unterstützungsprozessen mit Menschen mit geistiger Behinde-rung außerordentlich bedeutend ist und zwar über die gesamte Zeitspanne des Unterstützungsprozesses. So stellt sich Feinfühligkeit als Schlüsselvariable zum Aufbau einer sicheren Bindung und für Vertrauensbildung dar. Es kann vermutet werden, dass die Feinfühligkeit der Fachkraft in einem kausalen Zu-sammenhang mit in der helfenden Beziehung vermittelten korrigierenden Bin-dungserfahrungen steht. Da korrigierende Bindungserfahrungen ihre Wirkung in einem längerfristigen Prozess entfalten, benötigt eine bindungsorientierte Praxis einen entsprechenden zeitlichen Rahmen. Die Forschungsergebnisse le-gen den Schluss nahe, dass eine selbstreflexive Haltung der Fachkräfte im Rah-men einer bindungsorientierten Praxis eine insbesondere für die feinfühlige In-teraktionsgestaltung mit KlientInnen wichtige Voraussetzung ist.

Es zeigt sich, wie wichtig die Ausgestaltung passender struktureller Rahmen-bedingungen als Ausdruck der Anerkennung der Relevanz einer bindungsorientierten Praxis mit Menschen mit geistiger Behinderung ist. Die Forschungs-ergebnisse legen den Schluss nahe, dass eine Transposition von in der Fach-kraft-KlientIn-Dyade grundlegenden Prinzipien auf die strukturelle Ebene ei-nen möglichen Ansatzpunkt zur institutionellen Etablierung einer bindungsori-entierten Praxis darstellen kann.

Im Rahmen der Untersuchung zeigte sich, dass die interviewten Fachkräfte zwar bereits bindungsorientiert arbeiten, allerdings zeigte sich auch, dass ein Bewusstsein für diesen Aspekt der wissenschaftlichen Begründungsbasis ihres professionellen Handelns nur teilweise vorhanden ist. Dies wurde besonders bei dem zentralen Aspekt einer feinfühligen Interaktionsgestaltung deutlich. So rekonstruierten die Fachkräfte mit ihren Schilderungen der Gestaltung von In-teraktionen mit KlientInnen zwar das Konzept der Feinfühligkeit, bezogen sich jedoch nicht explizit auf dieses. Bereits in der Einleitung dieser Arbeit wurde darauf verwiesen, dass zusätzlich zum Vorhandensein einer wissenschaftli-chen Begründungsbasis als ein Kriterium für Professionalität, auch ein Be-wusstsein für dieselbe als wichtig zu erachten ist. Indem die vorliegende Arbeit die hohe Relevanz einer bindungsorientierten Praxis mit Menschen mit geisti-ger Behinderung aufzeigt, leistet sie einen Beitrag zum Ausbau dieser wissen-schaftlichen Begründungsbasis und damit zum Professionalisierungsdiskurs psychosozialer Praxis. Dies ist besonders vor dem Hintergrund der bestehen-den Diskrepanz zwischen der Relevanz einer bindungsorientierten Praxis mit Menschen mit geistiger Behinderung auf der einen Seite und des für diese Ziel-gruppe als rudimentär zu bezeichnenden Forschungsstandes auf der anderen Seite wichtig. Dabei ist zu beachten, dass sich die Forschungsergebnisse zwar allein auf drei Interviews stützen, aber im Einklang mit bindungstheoretischen Erkenntnissen stehen.

Ausgehend von den Forschungsergebnissen lassen sich Implikationen für die psychosoziale Praxis mit Menschen mit geistiger Behinderung formulieren. Die Vermittlung bindungstheoretischer Wissensbestände im Rahmen von Fortbildungen bzw. bereits in den entsprechenden Ausbildungsgängen würde zu einer explizit bindungstheoretischen Fundierung professionellen Handelns führen. Im Rahmen der vorliegenden Untersuchung zeigte sich, dass auf der Grundlage bindungstheoretischen Wissens auch eine differenziertere Refle-xion des professionellen Handelns möglich wird. Aufgrund der Wichtigkeit einer selbstreflexiven Haltung der Fachkräfte für eine bindungsorientierte Pra-xis ist deren Förderung nicht nur durch Intervision und Supervision notwendig, sondern ist aufgrund der Auswirkungen der Bindungsgeschichte der Fachkräfte auf bindungsorientierte Interventionen zusätzlich eine bindungstheoretisch orientierte Selbsterfahrung der Fachkräfte wünschenswert. Zur Ausgestaltung von zu den Anforderungen einer bindungsorientierten Praxis passenden strukturellen Rahmenbedingungen wäre die Initiierung eines auf einer gemeinsamen bindungsorientierten Vision basierenden und partizipativen Organisationsentwicklungsprozesses notwendig. Als Basis für organisationale Strukturen sind dabei die entsprechenden Leistungsbeschreibungen, in denen auch die Ermittlung des Hilfebedarfs geregelt wird, zu betrachten. Daraus ergibt sich als notwendige Konsequenz nicht nur organisationsinterne Strukturen in den Blick zu nehmen, sondern gerade auch die politisch verhandelten sozialrechtlichen Rahmenbedingungen.

Literaturverzeichnis

Ahnert, L. & Spangler, G. (2014). Die Bindungstheorie. In L. Ahnert (Hrsg.), *Theorien in der Entwicklungspsychologie* (S. 404–435). Berlin: Springer VS.

Ainsworth, M. D. S. (2003). Feinfühligkeit versus Unfeinfühligkeit gegenüber den Mitteilungen des Babys. In K. E. Grossmann & K. Grossmann (Hrsg.), *Bindung und menschliche Entwicklung. John Bowlby, Mary Ainsworth und die Grundlagen der Bindungstheorie* (S. 431–439). Stuttgart: Klett-Cotta. (englisches Original erschienen 1974).

Ainsworth, M. D. S. & Wittig, B. (2003). Bindungs- und Explorationsverhalten einjähriger Kinder in einer Fremden Situation. In K. E. Grossmann & K. Grossmann (Hrsg.), *Bindung und menschliche Entwicklung. John Bowlby, Mary Ainsworth und die Grundlagen der Bindungstheorie* (S. 112–145). Stuttgart: Klett-Cotta. (englisches Original erschienen 1969).

Bowlby, J. (2003). Bindung. In K. E. Grossmann & K. Grossmann (Hrsg.), *Bindung und menschliche Entwicklung. John Bowlby, Mary Ainsworth und die Grundlagen der Bindungstheorie* (S. 22–26). Stuttgart: Klett-Cotta. (englisches Original erschienen 1987).

Bowlby, J. (2006a). *Bindung* (Bindung und Verlust, Bd. 1, 3 Bände). München: Reinhardt. (englisches Original erschienen 1969).

Bowlby, J. (2006b). *Trennung. Angst und Zorn* (Bindung und Verlust, Bd. 2, 3 Bände). München: Reinhardt. (englisches Original erschienen 1973).

Bowlby, J. (2006c). *Verlust. Trauer und Depression* (Bindung und Verlust, Bd. 3, 3 Bände). München: Reinhardt. (englisches Original erschienen 1980).

Bowlby, J. (2009). Bindung: Historische Wurzeln, theoretische Konzepte und klinische Relevanz. In G. Spangler & P. Zimmermann (Hrsg.), *Die Bindungstheorie. Grundlagen, Forschung und Anwendung* (5. Aufl., S. 17–26). Stuttgart: Klett-Cotta. (englisches Original erschienen 1989).

Bowlby, J. (2010). *Bindung als sichere Basis. Grundlagen und Anwendungen der Bindungstheorie* (2. Aufl.). München: Reinhardt. (englisches Original erschienen 1988).

Bretherton, I. (2006). Konstrukt des inneren Arbeitsmodells. Bindungsbeziehungen und Bindungsrepräsentationen in der frühen Kindheit und im Vorschulalter. In K. H. Brisch, K. E. Grossmann, K. Grossmann & L. Köhler (Hrsg.), *Bindung und seelische Entwicklungswege. Grundlagen, Prävention und klinische Praxis* (2. Aufl., S. 13–46). Stuttgart: Klett-Cotta.

Brisch, K. H. (2002). Von der Bindungstheorie zur Bindungstherapie. Die praktische Anwendung der Bindungstheorie in der Psychotherapie. In M. Endres & S. Hauser (Hrsg.), *Bindungstheorie in der Psychotherapie* (S. 81–89). München: Reinhardt.

Brisch, K. H. (2006). Bindungsstörungen. Theorie, Psychotherapie, Interventionsprogramme und Prävention. In K. H. Brisch, K. E. Grossmann, K. Grossmann & L. Köhler (Hrsg.), *Bindung und seelische Entwicklungswege. Grundlagen, Prävention und klinische Praxis* (2. Aufl., S. 353–373). Stuttgart: Klett-Cotta.

Brisch, K. H. (2011a). *Bindungsstörungen. Von der Bindungstheorie zur Therapie* (11. Aufl.). Stuttgart: Klett-Cotta.

Brisch, K. H. (2011b). Die Bedeutung von Bindung in der Sozialen Arbeit. In V. Begemann & S. Rietmann (Hrsg.), *Soziale Praxis gestalten. Orientierungen für ein gelingendes Handeln* (S. 19–41). Stuttgart: Kohlhammer.

Brisch, K. H. (2014). Die Bedeutung von Bindung in Sozialer Arbeit, Pädagogik und Beratung. In A. Trost (Hrsg.), *Bindungsorientierung in der Sozialen Arbeit. Grundlagen - Forschungsergebnisse - Anwendungsgebiete* (S. 15–42). Dortmund: Borgmann.

Carlitscheck, J. & Kißgen, R. (2014). Bindungsorientierte präventive Begleitung von Hochrisikofamilien - Das STEEP™-Programm. In A. Trost (Hrsg.), *Bindungsorientierung in der Sozialen Arbeit. Grundlagen - Forschungsergebnisse - Anwendungsgebiete* (S. 113–128). Dortmund: Borgmann.

Deutsches Institut für Medizinische Dokumentation und Information (DIMDI). (2005). *Internationale Klassifikation der Funktionsfähigkeit, Behinderung und Gesundheit (ICF).* Zugriff am15.01.2014. Verfügbar unter: http://www.dimdi.de/dynamic/de/klassi/downloadcenter/icf/endfassung/

Deutsches Institut für Medizinische Dokumentation und Information (DIMDI). (2011). *ICD-10-GM. Version 2012. Systematisches Verzeichnis. Internationale statistische Klassifikation der Krankheiten und verwandter Gesundheitsprobleme. 10. Revision. German Modification.* Zugriff am 15.12.2011. Verfügbar unter: http://www.dim-di.de/dynamic/de/klassi/downloadcenter/icd-10-gm/version2012/systematik/

Dilling, H., Mombour, W. & Schmidt, M. H. (2011). *Internationale Klassifikation psychischer Störungen. ICD-10 Kapitel V (F) Klinisch-diagnostische Leitlinien* (8. Aufl.). Bern: Huber.

Dornes, M. (2004). Über Mentalisierung, Affektregulierung und die Entwicklung des Selbst. *Forum der Psychoanalyse, 20* (2), 175–199.

Dresing, T. & Pehl, T. (2011). *Praxisbuch Transkription. Regelsysteme, Software und praktische Anleitungen für qualitative ForscherInnen* (2. Aufl.). Marburg: Eigenverlag.

Eckert, J. (2008). Bindung von Psychotherapeuten. In B. Strauß (Hrsg.), *Bindung und Psychopathologie* (S. 332–349). Stuttgart: Klett-Cotta.

Fischer, U. (2010). Bindungstheoretische Impulse für eine inklusive Pädagogik - Ansätze zur Kompetenz- und Autonomieentwicklung in der heilpädagogischen Arbeit. Vortrag an der Katholischen Hochschule Berlin am 06.07.09. *Zeitschrift für Inklusion, 4* (1). Zugriff am 31.07.2013. Verfügbar unter: http://www.inklusion-online.net/index.php/inklusion/article/view/42/49

Flick, U. (2010). *Qualitative Sozialforschung. Eine Einführung* (3. Aufl.). Reinbek bei Hamburg: Rowohlt.

Fonagy, P. (2009). *Bindungstheorie und Psychoanalyse* (3. Aufl.). Stuttgart: Klett-Cotta. (englisches Original erschienen 2001).

Fonagy, P., Gergely, G., Jurist, E. L. & Target, M. (2004). *Affektregulierung, Mentalisierung und die Entwicklung des Selbst*. Stuttgart: Klett-Cotta. (englisches Original erschienen 2002).

Fremmer-Bombik, E. (2009). Innere Arbeitsmodelle von Bindung. In G. Spangler & P. Zimmermann (Hrsg.), *Die Bindungstheorie. Grundlagen, Forschung und Anwendung* (5. Aufl., S. 109–119). Stuttgart: Klett-Cotta.

Gahleitner, S. B. (2005a). Halbstrukturierte Erhebungsmethoden am Beispiel Problemzentrierter Interviews im Bereich Klinischer Sozialarbeit. In S. B. Gahleitner, S. Gerull, B. Petuya-Ituarte, L. Schambach-Hardtke & C. Streblow (Hrsg.), *Einführung in das Methodenspektrum sozialwissenschaftlicher Forschung* (S. 42–52). Uckerland: Schibri.

Gahleitner, S. B. (2005b). Die Qualitative Inhaltsanalyse als flexible Auswertungsmethode in der Sozialforschung. In S. B. Gahleitner, S. Gerull, B. Petuya-Ituarte, L. Schambach-Hardtke & C. Streblow (Hrsg.), *Einführung in das Methodenspektrum sozialwissenschaftlicher Forschung* (S. 53–63). Uckerland: Schibri.

Gahleitner, S. B. (2008). Neue Bindungen wagen: personzentrierte und beziehungsorientierte Therapie bei komplexer Traumatisierung. In G. Fischer & P. Schay (Hrsg.), *Psychodynamische Psycho- und Traumatherapie* (S. 151–167). Wiesbaden: VS Verlag für Sozialwissenschaften.

Gahleitner, S. B. (2009). Persönliche Beziehungen aus bindungstheoretischer Sicht. In K. Lenz & F. Nestmann (Hrsg.), *Handbuch Persönliche Beziehungen* (S. 145–169). Weinheim: Juventa.

Gahleitner, S. B. (2014). Bindung biopsychosozial: Professionelle Beziehungsgestaltung in der Klinischen Sozialarbeit. In A. Trost (Hrsg.), *Bindungsorientierung in der Sozialen Arbeit. Grundlagen - Forschungsergebnisse - Anwendungsgebiete* (S. 55–72). Dortmund: Borgmann.

George, C., Kaplan, N. & Main, M. (2001). Adult Attachment Interview. In G. Gloger-Tippelt (Hrsg.), *Bindung im Erwachsenenalter. Ein Handbuch für Praxis und Forschung* (S. 364–386). Bern: Huber. (englisches Original erschienen 1985).

Gloger-Tippelt, G. (2001). Das Adult Attachment Interview: Durchführung und Auswertung. In G. Gloger-Tippelt (Hrsg.), *Bindung im Erwachsenenalter. Ein Handbuch für Praxis und Forschung* (S. 102–120). Bern: Huber.

Goffman, E. (1975). *Stigma. Über Techniken der Bewältigung beschädigter Identität*. Frankfurt am Main: Suhrkamp. (englisches Original erschienen 1963).

Grossmann, K. & Grossmann, K. E. (2012). *Bindungen. Das Gefüge psychischer Sicherheit* (5. Aufl.). Stuttgart: Klett-Cotta.

Hauser, S. & Endres, M. (2002). Therapeutische Implikationen der Bindungstheorie. In M. Endres & S. Hauser (Hrsg.), *Bindungstheorie in der Psychotherapie* (S. 159–176). München: Reinhardt.

Hesse, E. (2008). The Adult Attachment Interview: Protocol, Method of Analysis, and Empirical Studies. In J. Cassidy & P. R. Shaver (Hrsg.), *Handbook of attachment. Theory, research, and clinical applications* (2. Aufl., S. 552–598). New York: Guilford Press.

Höger, D. (1990). Zur Bedeutung der Ethologie für die Psychotherapie. Aspekte der Aktualisierungstendenz und der Bindungstheorie. In G. Meyer-Cording & G. W. Speierer (Hrsg.), *Gesundheit und Krankheit. Theorie, Forschung und Praxis der klientenzentrierten Gesprächspsychotherapie heute* (S. 30–53). Köln: GwG-Verlag.

Höger, D. (2007). Der personzentrierte Ansatz und die Bindungstheorie. In J. Kriz & T. Slunecko (Hrsg.), *Gesprächspsychotherapie. Die therapeutische Vielfalt des personzentrierten Ansatzes* (S. 64–78). Wien: Facultas.

IJzendoorn, M. H. van. (1995). Adult Attachment Representations, Parental Responsiveness, and Infant Attachment: A Meta-Analysis on the Predictive Validity of the Adult Attachment Interview. *Psychological Bulletin, 117* (3), 387–403.

Kastl, J. M. (2010). *Einführung in die Soziologie der Behinderung*. Wiesbaden: VS Verlag für Sozialwissenschaften.

Kraimer, K. (2011). Professionalisierung. In Deutscher Verein für öffentliche und private Fürsorge e.V. (Hrsg.), *Fachlexikon der sozialen Arbeit* (7. Aufl., S. 669–670). Baden-Baden: Nomos.

Kühn, M. (2013). „Macht Eure Welt endlich wieder zu meiner!" Anmerkungen zum Begriff der Traumapädagogik. In J. Bausum, L. U. Besser, M. Kühn & W. Weiß (Hrsg.), *Traumapädagogik. Grundlagen, Arbeitsfelder und Methoden für die pädagogische Praxis* (3. Aufl., S. 24–37). Weinheim: Beltz Juventa.

Kulig, W., Theunissen, G. & Wüllenweber, E. (2006). Geistige Behinderung. In E. Wüllenweber, G. Theunissen & H. Mühl (Hrsg.), *Pädagogik bei geistigen Behinderungen. Ein Handbuch für Studium und Praxis* (S. 116–127). Stuttgart: Kohlhammer.

Lambert, M. J. & Barley, D. E. (2008). Die therapeutische Beziehung und der Psychotherapieeffekt - eine Übersicht empirischer Forschungsergebnisse. In M. Hermer & B. Röhrle (Hrsg.), *Handbuch der therapeutischen Beziehung. Band 1: Allgemeiner Teil* (Bd. 1, S. 109–140). Tübingen: DGVT Verlag.

Lamnek, S. (2010). *Qualitative Sozialforschung. Lehrbuch* (5. Aufl.). Weinheim: Beltz.

Lang, B. (2013). Stabilisierung und (Selbst-)Fürsorge für pädagogische Fachkräfte als institutioneller Auftrag. In J. Bausum, L. U. Besser, M. Kühn & W. Weiß (Hrsg.), *Traumapädagogik. Grundlagen, Arbeitsfelder und Methoden für die pädagogische Praxis* (3. Aufl., S. 220–228). Weinheim: Beltz Juventa.

Lang, T. (2013). Bindungspädagogik – Haltgebende, verlässliche und einschätzbare Beziehungsangebote für Kinder und Jugendliche. In B. Lang, C. Schirmer, T. Lang, I. Andreae de Hair, T. Wahle, J. Bausum, W. Weiß & M. Schmid (Hrsg.), *Traumpädagogische Standards in der stationären Kinder- und Jugendhilfe. Eine Praxis- und Orientierungshilfe der BAG Traumapädagogik* (S. 187–217). Weinheim: Beltz Juventa.

Lingg, A. & Theunissen, G. (2008). *Psychische Störungen und geistige Behinderungen. Ein Lehrbuch und Kompendium für die Praxis* (5. Aufl.). Freiburg i. Br.: Lambertus.

Main, M. (2006). Organisierte Bindungskategorien von Säugling, Kind und Erwachsenem. Flexible bzw. unflexible Aufmerksamkeit unter bindungsrelevantem Streß. In K. H. Brisch, K. E. Grossmann, K. Grossmann & L. Köhler (Hrsg.), *Bindung und seelische Entwicklungswege. Grundlagen, Prävention und klinische Praxis* (2. Aufl., S. 165–218). Stuttgart: Klett-Cotta. (englisches Original erschienen 2000).

Marvin, R., Cooper, G., Hoffman, K. & Powell, B. (2002). The Circle of Security project: Attachment-based intervention with caregiver–pre-school child dyads. *Attachment & Human Development, 4* (1), 107–124.

Mayring, P. (2000). Qualitative Inhaltsanalyse. *Forum Qualitative Sozialforschung, 1* (2), Art. 20, 28 Absätze. Zugriff am 01.05.2014. Verfügbar unter: http://nbn-resolving.de/urn:nbn:de:0114-fqs0002204

Mayring, P. (2002). *Einführung in die qualitative Sozialforschung. Eine Anleitung zu qualitativem Denken* (5. Aufl.). Weinheim: Beltz.

Mayring, P. (2008). *Qualitative Inhaltsanalyse. Grundlagen und Techniken* (10. Aufl.). Weinheim: Beltz.

Mayring, P. (2010a). Design. In G. Mey & K. Mruck (Hrsg.), *Handbuch Qualitative Forschung in der Psychologie* (S. 225–237). Wiesbaden: VS Verlag für Sozialwissenschaften.

Mayring, P. (2010b). Qualitative Inhaltsanalyse. In G. Mey & K. Mruck (Hrsg.), *Handbuch Qualitative Forschung in der Psychologie* (S. 601–613). Wiesbaden: VS Verlag für Sozialwissenschaften.

Mayring, P. & Gahleitner, S. B. (2010). Qualitative Inhaltsanalyse. In K. Bock & I. Miethe (Hrsg.), *Handbuch Qualitative Methoden in der Sozialen Arbeit* (S. 295–304). Opladen: Budrich.

Mey, G. & Mruck, K. (2010). Interviews. In G. Mey & K. Mruck (Hrsg.), *Handbuch Qualitative Forschung in der Psychologie* (S. 423–435). Wiesbaden: VS Verlag für Sozialwissenschaften.

Niederhofer, H. (2001). Bindungsunterschiede zwischen geistig behinderten und nicht behinderten Kindern. *Frühförderung interdisziplinär, 20,* 166–169.

Pauls, H. (2013). *Klinische Sozialarbeit. Grundlagen und Methoden psycho-sozialer Behandlung* (3. Aufl.). Weinheim: Beltz Juventa.

Pörtner, M. (2007). *Brücken bauen. Menschen mit geistiger Behinderung verstehen und begleiten* (2. Aufl.). Stuttgart: Klett-Cotta.

Rauh, H. (1999). Entwicklungsprognose am Beispiel der Entwicklung von Kindern mit Down-Syndrom. In R. Oerter, C. von Hagen, G. Röper & G. Noam (Hrsg.), *Klinische Entwicklungspsychologie. Ein Lehrbuch* (S. 195–217). Weinheim: Beltz.

Rogers, C. R. (2009). *Eine Theorie der Psychotherapie, der Persönlichkeit und der zwischenmenschlichen Beziehung.* München: Reinhardt. (englisches Original erschienen 1959).

Röh, D. (2009). *Soziale Arbeit in der Behindertenhilfe.* München: Reinhardt.

Rothenhäusler, H.-B. & Täschner, K.-L. (2007). *Kompendium Praktische Psychiatrie.* Wien: Springer.

Schäfers, M. (2009). Behinderungsbegriffe im Spiegel der ICF. Anmerkungen zum Artikel „Geistige Behinderung und Lernbehinderung. Zwei inzwischen umstrittene Begriffe in der Diskussion" der Fachzeitschrift „Geistige Behinderung" 2/08. *Teilhabe, 49* (1), 25–27.

Schambach-Hardtke, L. (2005). Theoretische Hintergründe sozialwissenschaftlicher Forschung. In S. B. Gahleitner, S. Gerull, B. Petuya-Ituarte, L. Schambach-Hardtke & C. Streblow (Hrsg.), *Einführung in das Methodenspektrum sozialwissenschaftlicher Forschung* (S. 12–24). Uckerland: Schibri.

Schirmer, C. (2013). Institutionelle Standards – Worauf es bei traumapädagogischen Konzepten in den Institutionen ankommt. In B. Lang, C. Schirmer, T. Lang, I. Andreae de Hair, T. Wahle, J. Bausum, W. Weiß & M. Schmid (Hrsg.), *Traumpädagogische Standards in der stationären Kinder- und Jugendhilfe. Eine Praxis- und Orientierungshilfe der BAG Traumapädagogik* (S. 241–267). Weinheim: Beltz Juventa.

Schleiffer, R. (2014). *Der heimliche Wunsch nach Nähe. Bindungstheorie und Heimerziehung* (5. Aufl.). Weinheim: Beltz Juventa.

Schleiffer, R. & Gahleitner, S. B. (2010). Schwierige Klientel oder schwierige Helfende? Konsequenzen desorganisierter Bindungsmuster für die psychosoziale Arbeit. In S. B. Gahleitner & G. Hahn (Hrsg.), *Klinische Sozialarbeit. Gefährdete Kindheit - Risiko, Resilienz und Hilfe* (S. 197–213). Bonn: Psychiatrie Verlag.

Schreier, M. (2010). Fallauswahl. In G. Mey & K. Mruck (Hrsg.), *Handbuch Qualitative Forschung in der Psychologie* (S. 238–251). Wiesbaden: VS Verlag für Sozialwissenschaften.

Schröer, S. & Schulze, H. (2010). Grounded Theory. In K. Bock & I. Miethe (Hrsg.), *Handbuch Qualitative Methoden in der Sozialen Arbeit* (S. 277–288). Opladen: Budrich.

Schuengel, C., Kef, S., Damen, S. & Worm, M. (2010). 'People who need people': attachment and professional caregiving. *Journal of Intellectual Disability Research, 54,* 38–47.

Schuengel, C., Schipper, J. C. de, Sterkenburg, P. S. & Kef, S. (2013). Attachment, Intellectual Disabilities and Mental Health: Research, Assessment and Intervention. *Journal of Applied Research in Intellectual Disabilities, 26* (1), 34–46.

Seidel, M. (2006). Geistige Behinderung - medizinische Grundlagen. In E. Wüllenweber, G. Theunissen & H. Mühl (Hrsg.), *Pädagogik bei geistigen Behinderungen. Ein Handbuch für Studium und Praxis* (S. 160–171). Stuttgart: Kohlhammer.

Seiffge-Krenke, I. (2009). *Psychotherapie und Entwicklungspsychologie. Beziehungen: Herausforderungen, Ressourcen, Risiken* (2. Aufl.). Heidelberg: Springer.

Senckel, B. (2003). Entwicklungspsychologische Aspekte bei Menschen mit geistiger Behinderung. In D. Irblich & B. Stahl (Hrsg.), *Menschen mit geistiger Behinderung. Psychologische Grundlagen, Konzepte und Tätigkeitsfelder* (S. 71–147). Göttingen: Hogrefe.

Senckel, B. (2011). *Du bist ein weiter Baum. Entwicklungschancen für geistig behinderte Menschen durch Beziehung* (4. Aufl.). München: Beck.

Spangler, G. & Zimmermann, P. (1999). Bindung und Anpassung im Lebenslauf: Erklärungsansätze und empirische Grundlagen für Entwicklungsprognosen. In R. Oerter, C. von Hagen, G. Röper & G. Noam (Hrsg.), *Klinische Entwicklungspsychologie. Ein Lehrbuch* (S. 170–194). Weinheim: Beltz.

Speck, O. (2003). *System Heilpädagogik. Eine ökologisch reflexive Grundlegung* (5. Aufl.). München: Reinhardt.

Strauß, B. (2008). Bindungsforschung und therapeutische Beziehung. In M. Hermer & B. Röhrle (Hrsg.), *Handbuch der therapeutischen Beziehung. Band 1: Allgemeiner Teil* (Bd. 1, S. 205–232). Tübingen: Dgvt Verlag.

Strauß, B. & Schwark, B. (2007). Die Bindungstheorie und ihre Relevanz für die Psychotherapie. "Ten years later". *Psychotherapeut, 52* (6), 405–425.

Suess, G. J., Mali, A. & Bohlen, U. (2010). Einfluss des Bindungshintergrunds der HelferInnen auf Effekte der Intervention – Erste Ergebnisse und Erfahrungen aus dem Praxisforschungsprojekt »Wie Elternschaft gelingt (WiEge)«. In I. Renner, A. Sann & Nationales Zentrum Frühe Hilfen (Hrsg.), *Forschung und Praxisentwicklung früher Hilfen. Modellprojekte begleitet vom Nationalen Zentrum Frühe Hilfen* (S. 147–162). Köln: Nationales Zentrum Frühe Hilfen.

Theunissen, G. (2009). *Empowerment und Inklusion behinderter Menschen. Eine Einführung in die Heilpädagogik und Soziale Arbeit* (2. Aufl.). Freiburg i. Br.: Lambertus.

Trost, A. (2014). Vorwort. In A. Trost (Hrsg.), *Bindungsorientierung in der Sozialen Arbeit. Grundlagen - Forschungsergebnisse - Anwendungsgebiete* (S. 7–8). Dortmund: Borgmann.

Unzer, L. (2009). Identitätsentwicklung unter dem Blickwinkel der Bindungsforschung. In G. Dobslaw & T. Klauß (Hrsg.), *Identität, geistige Behinderung und seelische Gesundheit* (S. 13–21). Berlin: DGSGB.

Witzel, A. (1985). Das problemzentrierte Interview. In G. Jüttemann (Hrsg.), *Qualitative Forschung in der Psychologie. Grundfragen, Verfahrensweisen, Anwendungsfelder* (S. 227–255). Weinheim: Beltz.

Witzel, A. (2000). Das problemzentrierte Interview. *Forum Qualitative Sozialforschung, 1* (1), Art. 22, 25 Absätze. Zugriff am 01.03.2014. Verfügbar unter: http://nbn-resolving.de/urn:nbn:de:0114-fqs0001228

Ziegenhain, U. (2001). Sichere mentale Bindungsmodelle. In G. Gloger-Tippelt (Hrsg.), *Bindung im Erwachsenenalter. Ein Handbuch für Praxis und Forschung* (S. 154–173). Bern: Huber.

Zimmermann, P. (2002). Von Bindungserfahrungen zur individuellen Emotionsregulation: Das entwicklungspsychopathologische Konzept der Bindungstheorie. In B. Strauß, A. Buchheim & H. Kächele (Hrsg.), *Klinische Bindungsforschung. Theorien - Methoden - Ergebnisse* (S. 147–161). Stuttgart: Schattauer.

Zimmermann, P. & Spangler, G. (2008). Bindung, Bindungsdesorganisation und Bindungs-
störungen in der frühen Kindheit: Entwicklungsbedingungen, Prävention und Intervention.
In R. Oerter & L. Montada (Hrsg.), *Entwicklungspsychologie* (6. Aufl., S. 689–704).
Weinheim: Beltz.

Danksagung

Abschließend möchte ich mich bei allen Menschen herzlich bedanken, die mich bei dieser Arbeit unterstützt haben.

Ohne „Antonia Albrecht", „Berit Becker" und „Carla Clemens" wäre diese Arbeit in der heute vorliegenden Form nicht möglich gewesen – Für ihre Bereitschaft zur Teilnahme und ihre Offenheit bedanke ich mich.

Bei meiner Erstgutachterin Silke Gahleitner bedanke ich mich für die inspirierende und geduldige Unterstützung sowie wertvolles Feedback. Auch bei meiner Zweitgutachterin Sibylle Grönger bedanke ich mich für ihre Unterstützung.

Allen Menschen aus meinem Freundes- und Familienkreis, die mich in der zurückliegenden Zeit unterstützt haben, gilt mein ganz besonderer Dank: Kerstin Elzholz, Maite Gabriel, Ulrich Callmeier und Egbert Kimm.

Zentralverlag für Klinische Sozialarbeit
Verlag für psychosoziale Medien

Sinn-Bilder ®

Bildkarten für Psychotherapie, Pädagogik und Coaching

Sinn-Bilder helfen, das auszudrücken, was fühlbar ist.

Jede Karte zeigt eine bildhafte Metapher. Die Motive sind offen für das gefühlsmäßige Erleben und zugleich konkret genug für sprachliche Beschreibungen. Sinn-Bilder können durch diese Eigenschaft der Doppelseitigkeit (Erleben und Sprache zugleich) einen Explikationsprozess initiieren, der den impliziten Erlebenskern des Themas aussymbolisiert.

Sinn-Bilder finden Anwendung in Therapie, Beratung und Coaching sowie in Bildungskontexten (Hochschullehre, Unterricht). Sie sind überall da einsetzbar, wo ein Mensch etwas subjektiv Bedeutsames schon spürt oder ahnt, aber bisher noch nicht ausdrücken kann.

Aktuell sind folgende Kartensets käuflich erwerbbar:

- Basisset I: 60 ausgewählte Bildkarten, Manual, 25 Auswertungsbögen, € 39,95
- Basisset II: 200 Bildkarten – Kartennummern #1 bis #200, Manual, 50 Auswertungsbögen, € 69,95

Direkt bestellen:

mail@tonyhofmann.com
www.sinn-bilder.de
+49 (0) 931 / 416283

www.ingramcontent.com/pod-product-compliance
Lightning Source LLC
Chambersburg PA
CBHW080405270326
41927CB00015B/3350